Dragon God's Blessing

なぜ人は龍に
惹かれるのか

龍神の恵みの受け取り方

龍神と生きる
日本で一番
小さい寺の僧侶

〔著〕脇田尚徳

はじめに

私たちはリアルを知ってしまった。

そう思ったのは、世界的に流行した新型ウイルスによって
人と人とのつながりが〝分断〟されたと感じた２０２０年のことでした。
人類が創り上げてきた社会や文化、人間関係が、
一瞬で断たれてしまったのです。

ですが、変わらないものが一つだけありました。
それは私たちを育み、人類の歴史を見守り続けてきた「大自然」。

目先の豊かさのために合理化と生産性にとらわれ、

自然の恩恵を無視してきた私たちに
今まさに警鐘が鳴らされています。

人々は変わらなければいけない時に来ているのです。

私はそう実感し、大自然の象徴である「龍神」と共に
生きる道を選びました。

「龍神と共に生きる、とは？」
そんな風に思われる方も多いでしょう。

例えば、
「数千万円もの借金を約1年半で完済することができた」と聞いて、
あなたはどう思いますか？
しかも、それが龍神に祈願した結果だとしたら。

日本は龍体の国と呼ばれ、
エネルギーの源泉である「龍脈」が流れる数少ない国。

太陽、月、山、海、風、大地……
昔からそれらには精霊が宿っていると信じられており、
自然神とする信仰が息づいてきました。

自然はいつも身近にあり、
私たちに豊かな暮らしを与えてくれます。

ですが、いつしか私たちはその恵みを忘れ、
「当たり前」にしてしまっていたのです。

今こそ自然の恵みに感謝して、

共に生きる道を模索する時です。

実は、先述の「龍神に祈願」して、
「数千万円もの借金を約1年半で完済できた」というエピソードは、
私が体験したことです。

龍神は、直接目には見えませんが、
たしかに私たちの身近なところに存在しています。
それに気づいて日常生活の中で龍神と共に生き、
龍神を信仰すれば、
信じられないような奇跡を体感することができるのです。

それでもまだみなさんは
龍神と共に生きる道を選択しないのですか？

この本を読み終えた頃にはきっと
「信じられるのは自分と龍だけ」
と感じられるようになっていることでしょう。

脇田尚徳

目次

第2章　龍神様のご加護を得るには「あなたはあなたのままでいい」

第3章　龍神様が願いを叶えてくださる理由

第4章　龍神様へのお祈りする方法

第5章 龍神様に毎日愛されるために

巻末付録

カバーデザイン　森　瑞（4Tune Box）
校正　麦秋アートセンター

第1章

龍神様を祀る寺の僧侶となった私

鹿児島県・霧島の龍神伝説

私の母は宮崎県、父は鹿児島県の生まれです。幼少期は鹿児島県霧島市の山奥にある実家で過ごしました。何より怖かったのが、その庭にある「井戸」でした。

幼い頃に見た実家の井戸は、深く、暗く、恐ろしい存在でしたが、多くの人の渇きを癒やし、恵みの水をたたえ、家を守ってくれました。そんな有難い場所であり、実は、龍神とのアクセスポイントだったのです。

龍神は古来崇められてきた最高位の自然神であり、地球の守り神とされてきた存在です。天地を自由に駆け巡り、気象、海流、地熱の流れを司どり、雨を降らせるなどさまざまな自然現象を操る水の神様です。また、強力なエネルギー体そのもの、とも言われています。山には大地から放出される大きな〝気〟のエネルギーが流れており、風水ではこの気の流れを龍に喩えて「龍脈」と呼んでいます。そして山が発する龍脈の気は、尾根を伝って周囲へと流れ込むため、龍脈のゴール地点はエネルギーに満ちあふれていると言われています。

このエネルギーが行き着いたゴール地点、強力な磁場を「龍穴《りゅうけつ》」といい、風水では龍穴に住むと家が守られると考えられており、「井戸」がエネルギーの出口になることが多いようです。このことを私はよく祖父から聞いていました。目には見えない世界なので真偽は定かではありませんが、確かに過去の災害から家が守られてきたという意味では水神様＝井戸神様、つまり龍神様のご加護があったのかもしれません。

龍神は、一般的に恐ろしい姿で描かれることが多く、中国では数千年前から信仰が見られ、皇帝の権威の象徴としても利用された空想上の自然神です。その特徴として、「三停九似《さんていきゅうじ》」という姿で描かれています。

首～腕のある部分～腰～尾の長さが均等
角は鹿の角に似る
頭はラクダに似る
眼は鬼に似る（一説には「兎」とも）
項（うなじ）は蛇に似る

腹は蜃（しん）という伝説の生物に似る
鱗は鯉に似る
爪は鷹に似る
掌は虎に似る
耳は牛に似る

参考：羅願『爾雅翼』（中国南宋時代の書物）

私は25歳の時に弁護士の道を諦め、占い師となりました。

ある日、実家に帰った時のことです。父は私の仕事について何も言わなかったのですが、私は父の考えを察して、何ともいえない重苦しい気持ちになり、申し訳なさと惨めさ、けれども諦めたくない気持ちを抱えたまま、実家の井戸をずっと眺めていました。満月の綺麗な晩でした。

「つらいです」と言葉を投げると、「つらいです」と返ってきました。「どうすればいい」と井戸に尋ねると、「どうすればいい」と反響して戻ってきました。何だか少し気持ちが高揚してきて、「でも、諦めない」と井戸に発すると「でも、諦めない」と聞こえました。私にはそれが、励ましの言葉のように感じられて、少し泣きました。

みなさんも「やまびこ」という言葉をご存じかと思いますが、漢字では「山彦」と書き、〝日本の山々の神様〟〝山の精霊〟という意味を表しています。山や谷などで音が反響する現象を山の神の声として捉えており、自分の問いかけに、山の神々が返事をしてくれたと解釈しているのです。自分の感情を言葉にして、それを自分の耳で聞くというのはとても不思議な感覚でした。

突然、借金数千万円を背負わされる

私は鹿児島で3年間、占い師として活動したのち、29歳で上京しました。

個人で活動する中で、あるWEB制作会社の社長を紹介され、占い事業を始めようとしているその会社の傘下で、自分の「占い館」を持つことになりました。一緒に働いてくれる占い師たちを募り、少しずつですが確実に前進できていると感じられる日々でした。今思うと、この頃が人生で最も一生懸命だったように思いますし、少しずつ光明が見えつつありました。

そして自分の人生を大きく変える〝転機〟がやってきます。それは、忘れもしない2016年11月11日、34歳の冬でした。占い館のメンバーたちと遅い夕食を取っていると、突然、親会社の人から電話がかかってきます。

「大変だ！　社長が会社のお金を持ち逃げして姿をくらましたぞ！」

それを聞いた私は思考が停止し、時間が止まった感覚で、周りのメンバーは「冗談だろう」という顔をしていました。しかしその翌日、専務たちと一緒に会社へ行ってみると、そこには粉々に壊された金庫の残骸が散乱しており、社長の私物はすべてなくなっていました。自宅へ行ってみても、もぬけの殻。果ては、家賃まで滞納しているという有り様でした。

結局、その事件は刑事事件として扱われるも、当の本人である社長が国外へ逃亡したのか生きているのか、消息不明であることから立件されず、残された私たちが残務処理をすることになりました。その際、私が被った借金の金額は数千万円。経営責任を取る形で、占い館の代表も交代となりました。そしてこの出来事を機に、お金も地位も仲間も失ったのです。

待乳山聖天信仰と龍神信仰

　全てを失った日から、どのくらい経ってからでしょうか。友人が浅草にある待乳山《まつちやま》聖天《しょうでん》に連れていってくれました。ここは正式名称を「本龍院」といい、浅草寺の支院の一つです。古くから篤《あつ》い信仰を集めており、現世利益（生きているうちにご利益をもたらすこと）を叶えてくれる有り難い寺院です。こちらのご本尊は大聖歓喜天《だいしょうかんぎてん》で、インドでは「ガネーシャ神」と呼ばれています。

　とてつもないご利益の強さも一因なのでしょうか、秘仏にされているため姿を見ることはできませんが、頭はゾウ、体はヒトの姿の二神が抱き合うという、独特な姿をしているそうです。この聖天様は衆生《しゅじょう》のどんな望みも叶えてくださると言われていますが、そのご利益があまりにも強いために、やり方を間違えると強い呪いの力になって跳ね返ってくることがあるそうです。また、失礼な参り方をしたり、叶った後のお礼参りを忘れたりすると天罰が下るとも言われています。

私はもはや神頼みするしかなく、祈り方を勉強し、熱心に祈願をしました。恐らくこの時に初めて、私は自分の行いを神仏に〝懺悔〟したと思います。そもそも私が欲目を出し、経営を知りもせず推されるがままに占い館の代表になどならなければ、このようなことにはならなかったのですから。でも、それを直視することはとても怖くて、自分ひとりではできませんでした。眼前に神仏があるからこそできたことです。参拝が終わりふと空を眺めてみると、龍の長細いうろこのような雲がたなびいています。目を凝らして見ると、その雲は形を変え、風と共に流れていきました。この時、私は初めて自分のルーツとも言える、霧島の龍神伝説と実家の井戸の存在を思い出しました。

この参拝からしばらくして、待乳山聖天は金龍が降り立った伝承の地として有名で、龍神がおられると言われていることを知りました。鹿児島から上京して長らく忘れていましたが、その時、私たちの土地を守り育んでくれた龍神にまつわる伝承を、リアリティを持ってまざまざと感じました。ずっと下を向いていた私は、この雲に化身した龍神と出会って以降、上を向き歩いていくようになります。上を向いていれば、また龍神に出会えるような気がしていたからです。

そこから私はどんなことがあろうと、毎月必ずこの待乳山聖天を参拝しています。おそらく現時点で１００回以上は通いました。きっとこれからも通い続けるでしょう。いつしか私は、「死生観」までもが変わっていきました。人は自ら死なずともいつか必ず死んでしまう。どんな人生でもいかようにも変わる可能性があるが、どんな人生でも一度きりである。命はいつ終わるかわからず、残された「生の時間」に何を詰め込むのか。このような考えになっていき、そうして自分を再構築したのです。私にとっての再出発は神仏や龍神と向き合い、己の小ささを認識することから始まったのかもしれません。

私がいつも聖天様に願い誓っていたのは、「文章を書く執筆の力と、完済するための経済力を与えてほしい。そのためには持てる時間を全て差し出します」ということ。そして、「借金を全て返済したら、自分の能力を活かし、関わる人たちへ利益と幸福を与えられるようにしてください」とお願いしました。

私が実際にやったことは、家賃の安いところにひっそりと住み、一日の食費を３００円まで削って生活を切り詰め、ただひたすら1記事五千円の執筆の仕事をこなし続けました。毎日18本、朝４時から夜12時まで書き続け、１日当たり９万円、月に換算すると270万円、1年7ヵ月で3510万円になり、あとは持ち物をほとんど売ってお金をつくりました。

毎日カレンダーに執筆した記事の数を「正」の字で書いては確認し、借金におびえながらも、いつか暗闇のトンネルを抜けて光を見ることを祈り続けていました。そして、借金を背負って約1年半後に、借金は跡形もなく消えました。

そもそも、これだけの数の仕事があったことが奇跡ですし、奇しくも、私が差し出したものと叶った願いは全て合致しています。これは自力ではなく、龍神の力を借りて限界突破できたのだと思っています。なぜなら、その1年半の記憶がほとんどないからです。この経験から、私は自分の天命が明確になり、僧侶として龍神のご加護を伝えようと決めたのです。全ては仏の手の中ですね。

実家の井戸を龍神として祀る「秀心寺」に

ところで、仏教（禅）の教えでは、過去と未来は切り捨て、〝今〟だけに集中することの大切さを説いています。また〝即得往生《そくとくおうじょう》〟の大切さが説かれる宗派もあります。これは不退転の境地に住むことを意味します。仏教の言葉としての「不退転」とは、仏道修行の過程ですでに得た悟りを失わないよう、一度到達した境地から退かないこと。つまり決心さえすれば、生きながら今すぐに自分なりの人生を歩むことができるということです。

毎日、目覚めた時を〝生〟とし、眠る時を〝死〟として大切に生きる。そうすれば過去の苦しみも未来への不安も考える余裕はないはずです。人はいつでもどこからでも、心ひとつで変われます。過去にすがらず「今」を全力で生きれば、常に自分を超え続けることができます。

私は自らに起こった奇跡を目の当たりにしたことで、龍神信仰と正しい祈願方法が自己肯定感と結びつき、自分の願望を叶え、それ以上の出来事を引き寄せるという体験をしました。そこから人生の目標が「鹿児島から上京し、東京で占い師として成功する」から、「降りかかった借金を返済し、この発想と体験を広く伝える」ことへと大きく転換しました。

そして、私は仏の学びを継承し、首座職《しゅそしき》（修行僧）を経て、権僧都職《ごんそうずしき》の僧階を賜り、僧侶となったのです。

去る2021年に鹿児島県の霧島にある実家を改修して「秀心寺《ほずみじ》」を建立しました。実家は霧島神宮まで車で30分ほどの距離に位置し、小さい頃から祖父に連れられてその神宮へよく通っていました。霧島神宮は霧島六社権現《きりしまろくしゃごんげん》の一つで、宮崎県と鹿児島県の県境にある霧島山周辺の6つの神社の中で、唯一、鹿児島県にある社です。

霧島神宮は瓊瓊杵尊《ににぎのみこと》を主神とし、木花開耶姫尊《このはなさくやひめのみこと》や彦火火出見尊《ひこほほでみのみこと》を祀っていらっしゃいます。そしてその近くにある「竜泉の蛇口」には、神仏習合の霧島神宮本尊である十一面観世音が龍の姿となって清い泉の中に在る、という伝説があります。

なぜ十一面観世音が〝龍神〟なのでしょうか。その答えは、八岐大蛇《やまたのおろち》伝説で広く知られている櫛名田比売《くしなだひめ》との関係にあります。

櫛名田比売は陰陽道において、八大龍王の一柱であり龍宮に住む沙伽羅《しゃがら》龍王の三女で、方位神「歳徳神（お正月に福運をもたらす神様）」またの名を頗梨采女《はりさいじょ》と呼ばれていました。そして、頗梨采女は牛頭《ごず》天王（すなわち須佐之男命《すさのおのみこと》）の后であることから、櫛名田比売とされています（異説もあり）。さらに、頗梨采女は同じ沙伽羅龍王の娘である「善如龍王《ぜんにょりゅうおう》」と同一視されており、このことから櫛名田比売＝善如龍王と見ることができます。そして、櫛名田比売の本地仏《ほんじぶつ》はなんと「十一面観世音」なのです（※本地……本地垂迹《すいじゃく》説のことであり、仏や菩薩の本来の姿。人々を救うために神など仮の姿を垂迹と呼ぶのに対して言う）。

つまり、十一面観世音は弘法大師（空海）が雨乞いの祈りをした際に現れた、金の龍神である「善如龍王」の化身と見ることができます。そのため霧島神宮神仏習合の本尊である十一面観世音が、水をたたえる「竜泉の蛇口」に龍神として祀られているのかもしれません。そう考えると、霧島の龍神伝説には金色の善如龍王が関係していると言えますし、清流をたたえる井戸は井戸神、つまり水神たる龍神が顕現する場所と見てもおかしくはありません。なお、弘法大師の祈雨伝説において、善如龍王は九尺（２７０㎝）の大蛇の頭の上に乗る八寸（24㎝）の金色蛇の姿で描かれています（『今昔物語』より）。

そしてもう一つ、先に説明した待乳山聖天にも金龍が降り立ったとされる伝説があります。本尊の大聖歓喜天は、別名ビナーヤカと呼ばれる強大な力を持つ障碍神《しょうげ》（人間に障害をもたらす鬼神）でした。悪心を秘めたビナーヤカは信心がいい加減であると見るや、怒り狂った象の如く暴走してしまいます。そこで十一面観世音が同じ姿に変化して、その暴走を止めるために抱きしめます。それ以降、ビナーヤカは仏法に帰依して歓喜天となり、人々に財運と福寿といった現世利益を授ける存在になったとされます。抱き合う二人の姿は夫婦和合を意味しており、十一面観世音は双身となり歓喜天が暴走しないように常に抱き合って側にいらっしゃいます（なお、歓喜天の足を踏みつけております）。ここにも十一面観世音＝金色の善如龍王の姿があったと考えるのは、いささかこじつけでしょうか。

霧島の龍神伝説と霧島神宮、幼い頃には畏怖し、占い師を始めた頃に泣きついたあの井戸、そして苦しみを取り除いてくださった本龍院の龍神伝説。加えて、私の僧侶としての初修行は、清流大権現こと善如龍王を祀る滝での滝行。これらの点が全て線として繋がり、実家の井戸を〝龍神井戸〟として祀るに至ったのです。

そしてその井戸からは、直接清流をいただくために蛇口を引き、今でも飲用、生活水として恵みをいただいております。

私は龍神様のご威光を肌で感じたことにより自己肯定感の重要性に気づき、それを広めていこうと思いました。龍神は常に私たちと共に在り、私たちに恵みをもたらしてくださっています。その恵みに気づくことができるか、そしてその恵みに対し何を返すかを考えることが自己肯定感に繋がり、天命を見出して大自然に感謝することに繋がるのです。

第2章

龍神様のご加護を得るには「あなたはあなたのままでいい」

大宇宙の原理「陰陽法則」

17世紀の哲学者・ライプニッツは「この世界は考えられる限り最善の世界である」と考え、主張しました。それが定かであるかは置いておくとして、この宇宙、大自然は我々人間も含めて非常にうまくできているとされています。物理学で見ると私たちが生きるこの世界は、宇宙の基本的性質を表す「自然定数」というものがあり、それが絶妙なバランスの組み合わせにより成立しています。自然定数というのは自然間の基本的な性質同士の関係であり、私たちの世界がどんな原子構成で成り立っているかを知る仕組みです。

例えば、陽子と中性子の質量の大きさや、重力と電磁気力の強さがわずか0・1％違っただけで、宇宙は生命を育む土台として存在しえなかったと言われています。これは現代科学では解明できていないのですが、それを紐解くヒントが紀元前3000年に成立した思想にあります。それは古代中国の〝陰陽思想〟です。この陰陽思想は太極図として表現され、以下の６つの原理「陰陽法則」から成るとされます。

①陰陽対立
陰と陽は正反対のものであるという法則であり、光と闇、熱と寒、男性と女性、上と下、動と静などがこれに当たります。

②陰陽互根
陰と陽は正反対であるゆえに、お互いに補い合う関係でもあります。

③陰陽消長
昼と夜の関係や夏と冬の関係などのように、一方が強くなると他方が弱くなるという傾向のことです。

④陰陽平衡
陰も陽もどちらとも極端には傾かず、バランスを保とうとする法則です。

⑤陰陽調和

陰と陽は同じ方向に向かって協調しようとする性質があります。
⑥ 陰陽転化
どちらか一方が最大まで強くなると性質が入れ替わります（冬になり大寒になると暖かい春に向かうのがこの例です）。

ここに森羅万象の理があるのではないかと私は考えています。万物は流転し、永遠に続くものはない、その代わりに変化、成長しないものもない。それを大宇宙は体現する（現在も膨張しつづけている）ため、絶妙なバランスが成立しているのだと思います。そして龍神はそんな大宇宙と生物の進化だけでなく、私たち人類の成長を見守ってきたのではないでしょうか。

自分の軸の決め方

私は過去に挫折を繰り返し、自分の進むべき道を決めることができず、周りの言葉に流されるままフラフラとしていました。これは自分で自分の人生を決めていくという「自分軸」がなかったことに他なりません。では、この自分軸とは何でしょうか。私は、自分軸とは「自己肯定感」から成るものだと考えています。自己肯定感とは、自分の存在そのものを認める感覚のことを指します。他人からの評価や比較ではなく、「自分が自分をどう思うか」という認識によって決まるものです。

そして、自分を「かけがえのない存在」として肯定的に受け止められるか、感情を安定させポジティブに物事を捉えられるか、にかかってきます。そのため自己肯定感は、パフォーマンスやパートナーシップをはじめ、人生の満足度を上げるうえで重要な要素の一つなのです。自己肯定感が低いと自分の進むべき道「自分軸」が定まらず、誰かに敷かれたレールに乗ることしかできなかったり、本当に進みたい方向や夢が見つからずに〝うつ〟のような状態になり身動きができなくなってしまったりします。

人は誰しも幸せになりたいし、幸せになるために生きているのに、自分を心の檻《おり》に閉じ込めて不幸へ進んでしまいがちです。そうならないためにも、自己肯定感が高い状態を保つことが大切なのです。それができれば、あなたの望む未来へと歩む魂のエネルギーを持つことができるでしょう。

そこでなぜ共に生きるパートナーが「龍神」なのかというと、それは他の神仏たちに比べてイメージしやすく、日常生活において触れ合う機会を意図しやすいからです。

自己肯定感は龍のように上下する

自己肯定感が高ければ生きるのが楽になり、幸福感をもって生活できます。でも、常に高くキープできるかというとそうではありません。私たちは世間や環境、さまざまな人との繋がりの中で生きています。自分の自己肯定感もあれば、そこには当然、他人の自己肯定感もあります。自分と相手、お互いがそれぞれ自分を肯定できれば問題ありませんが、それはなかなか難しいもの。「悩みの8割が人間関係」と言われるように、人と関われば摩擦が起こるからです。つまり、自己肯定感は日々アップダウンする、不確かで頼りないものでもあるのです。

好きな人から無視されたり、大きな借金があったり、理不尽な叱られ方をしたり……、何かのきっかけで大きく低下することも少なくありません。それは仕方のないことですが、その後の自分へのフォローが大切です。重要なのは禅の教えにもある「即今《そっこん》、当処《とうしょ》、自己《じこ》」、つまり「今、ここ、自分」に集中することです。後ほど詳しく解説しますが、「今」に集中していれば煩わしさで自分を悩ませることがなくなります。

私も過去の出来事にクヨクヨし、まだ見ぬ未来を心配していた時期がありました。ですがこうして僧侶となり、今現在に目を向けることで、後悔や迷いから解放されました。本来、誰もあなたの心の平穏を侵すことはできません。いかに自分の自己肯定感を育み、守り、維持するか。これが心に余裕を持ち、自分らしく心地よい立ち位置で自己を大切にするための心構えです。ただ自己肯定感を高くするだけではなく、ある一定のラインをキープすること。これを意識しましょう。

人の気持ちも歴史も、あたかも龍の身体の如く、上下に大きくうねるものです。そのうねりを自分の力と勘違いしないよう、振り落とされぬようにしっかりとしがみつきながら自分の流れを創り出すことが大切です。

自己肯定感を高めるとっておきの方法

では、自己肯定感が大切だとわかったところで、どのようにして高めることができるのかをお伝えします。最初のステップは、自己肯定感と対を成す「自己否定感」を手放すところから始めてみましょう。

私も昔は自分を肯定しようしようと頑張っていました。しかし、否定する心をまず理解してそこにメスを入れないと、結局は自分を肯定したいという気持ちはそれを否定するクセに負けて、押し流されてしまうということに気づきました。

自己否定感とは、過去のネガティブな経験の蓄積から凝り固まった「自分にはできない」や「どうせ自分なんて……」といった、思い込みによってつくられた〝偽りの限界〟です。その多くは過去の失敗、親や先生などから言われた否定的な自己認知、そして世間の一般論から構成されています。

人は自分の思い込みの檻《おり》に閉じ込められてしまうと、客観的に正しい判断ができなくなり、そのコンプレックスを間違った方向へ解消しようとしてしまいます。これが自己否定による〝認知の歪み〟です。他にも、親から頭が悪いと言われつづけたり、先生から素行が悪いと叱られつづけると、本当にそのように人格が形成されてしまうことも少なくありません。これを心理学では「ピグマリオン効果」と言います。

でもよく考えてみれば、それは絶対的な価値観ではなく、あくまで相手や環境の主観でしかありません。つまりは単なる〝価値観の押しつけ〟です。そして過去から今までの人生の中で、このような重荷を無理やり背負わされてきた人ほど自己否定感が強いと言えます。この自己否定感は厄介で、どんなに自分を肯定しようとしても否定する方向へ引き戻されてしまう根深いものです。そこでまず否定されてきた過去から手放し、そしてありのままの自分を愛することにより、自己肯定の土台をつくることが何よりも大切です。

具体的には、自分に対するネガティブな要素を、思いつく限り紙に書き出すことをお勧めします。そして、それを肯定する言葉に置き換えてみてください。例えば、「行動が遅い」ならば「慎重である」という風に。物事には必ず二面性があり、絶対的な評価というものは存在しません。だからこそ、他でもない自分自身で、全てのネガティブな要素をポジティブな要素へと置き換えてみるのです。案外、短所と思っていた部分は長所でもあると気がつくはずです。弱みとは、実は強みになりえます。まずは、自己否定感を手放してから自己肯定感を高めていきましょう。

「執着」「怒り」「偏見」の三毒を捨てる

少し仏教的な話になりますが、自己肯定感を邪魔しているものについてお話しします。私は自己肯定感を阻むものとして、誰もが持っているであろう〝毒〟が3つあると考えています。その3つの毒とは「執着」「怒り」「偏見」です。

これを仏教では、それぞれ「執着＝貪《とん》」「怒り＝瞋《じん》」「偏見＝痴《ち》」と言います。そしてこの3つこそが、人間を迷わせて苦しめる根本的な3つの煩悩とされています。貪は、好ましいものに対する強い欲望や執着。瞋は、許せないものに対する激しい怒りや憎しみ。痴は、真実を知らないことや知ろうとせずに、誤った判断をすること。これらを手放すことが、自己肯定感との向き合い方になります。

そもそも「執着」は、こうありたいという理想や、強い憧れと結びつきやすいと言えます。ある意味、向上心とも直結するものですが、自分という個性を殺してまでの執着に価値はあるかと言われれば、それは疑問です。今や多様性の時代、人には必ずその人なりの色があり、その人なりの花を咲かせる力を持っています。それなのに親からのお仕着せの重圧や、社会的な評価によってゆがめられた偶像を心に据えて、苦しんでいる人がたくさんいます。本心にフタをして、自分らしくないことを続けようという執着は、自分で自分を否定しているのと同じ。心は痛みに敏感です。あなたはあなたであり、誰かに憧れる必要はありません。

そして「怒り」も自己肯定感を下げる根本だと言えます。あまり怒らないという人もいるかもしれませんが、そういう人ほど内心では自分自身に激しい怒りを抱いていることが多いものです。自分に対する厳しい自分像は、「ちゃんとしなければいけない」という刃物となって、あなた自身を傷つけてしまいます。小さい頃から「あれダメ、これダメ」と言われてきた経験が、大人になってもあなたを縛りつけてはいませんか？　自分を解放し、魅力を発揮しても良いのです。自分いじめはやめましょう。

最後に「偏見」です。あなた自身のものの見方は、本当にあなただけの判断でしょうか。お金持ちがすごい、地位のある人が立派だ、美男美女が優れている……確かにある面ではそうかもしれません。世間もそういう人をチヤホヤするでしょう。でも、お金持ちは奪われることを恐れ、地位のある人は陰で出世競争に疲れ、美男美女は醜くなることを恐れながら暮らしているものです。誰にも奪われず、競う必要もなく、洗練されていくもの、それはあなた自身の「個性」です。自分の魅力を把握せず、他のものを羨ましいと思うのは、あなた自身への偏見であり差別です。

少し厳しい表現をしましたが、もしもこれら「貪瞋痴」をあなたが心のどこかに抱き、こだわりつづけているのだとしたら、せっかく自己肯定感を高めて龍と共に生きるための方法を知ったとしても、活かしきることはできません。ぜひ今日を限りに少しずつ手放していきましょう。

自分の五感を楽しませる

あなたは最近、自分を大切にしていますか？　〝大切にする〟というのは、何も特別なことではなく「自分の五感を楽しませるためだけに時間を使うこと」です。案外、これができていない人が多く〝やるべきこと〟という周囲からのオーダーに気を取られるあまり、自分を粗末に扱っています。

私たちは他人を理解しようと一生懸命になりすぎ、自分に意識を向けることをおろそかにしてしまいがちです。他人をめいっぱい優先して自分の感情や意見を押し殺していたり、言われるがままに従って自分の内なる声を無視したり。これらの行動は相手に譲っているように見えて、実は自分を大切にせず、ないがしろにしている姿勢だと言えます。これは自己犠牲的で、立派な姿勢に見えるかもしれませんが、仏教では「他人に気を取られ、自分をおろそかにする」ことを戒《いまし》めています。大切なのは他人の評価を気にしないで、自身のコンディションを省みることです。ここにこそ人生の恐るべき真理があります。

> 自分を粗末に扱う人は他人からも粗末に扱われ
> 自分を大切にする人は他人からも大切にされる

そのために何が必要かお伝えしましょう。それは、ほんの少しの自己理解と、自分自身を見つめ直す勇気。そして最も重要なのは、自己肯定の力を信じること。

自己肯定の力を引き出す方法は実にシンプルで「毎日の小さな成功体験を積み重ねる」ことです。昨日の自分を思い返してみても「何か成功したことがあったかな……」と感じるかもしれません。実は簡単なことで、ゴミを捨てただけでも、食事をしただけでも、それは〝成功体験〟なのです。他人の役に立つ必要はありません。例えば本を数ページ読んだ、好きな動画を見ただけでも、自分の心地よさに繋がれば大丈夫。この毎日の成功体験を積み重ねることで、無意識のうちに自己肯定の力は増幅していきます。

ここで、あなたの五感（味覚、嗅覚、視覚、聴覚、触覚）と意識が心地よいと感じることを書き出してみましょう。

書き出すことができたら、そのために時間やお金を使って自分を満たしてあげてください。不摂生にならないように加減しつつ、自分を〝推して〟いきましょう。

もう一つ大切なのが、「自分を褒める習慣」の形成です。手はじめに本日食事をする際に、「おいしいご飯をありがとう、○○（自分の名前）！」と言ってみてください。「自分で自分を褒めるなんて恥ずかしい……」と思うかもしれませんが、それこそが自己肯定の力を引き出す第一歩であり秘訣です。他人からの褒め言葉を待つのではなく、自分で自分を積極的に褒めていきましょう。例えば私の場合は、一日の最後に「今日も自分の道を進んで良かったね、お疲れ様。龍神様も喜んでいらっしゃる。明日も必ず幸せな一日がやってくるからよろしくね。ありがとう」と、自分と龍神様に念じて床に就いています。

自己肯定感を持つということは、あくまでも自分自身を尊重し、自己価値を認めること。他人を否定することではありません。自己肯定と他者否定は似ているようで、まったくの別物。この違いを理解することが、あなたが自己肯定感を持ち、龍と共に生きる上での大きなステップとなるでしょう。自分を肯定する出来事は日常にあふれていて、あなたはそれを受け入れる価値がある存在であることも忘れないでくださいね。

自分を認めれば龍神様は味方する

人間とは比べるのが好きな生き物です。自分と他人の持ち物を比較してはどちらが上かということにとらわれ、小さな自尊心を満たそうとします。特にこれはモノやお金、境遇といった可視化しやすい面において顕著ですが、中には自分が恵まれている、ツイている、という目に見えない〝運〟の部分まで他人と比べようとする人もいます。でも、自分と他人を比べるという行為ほど意味のないものはありません。何かを持っている、持っていないというのは、人間が後から意味づけをしたにすぎません。例えばモノやお金とは本来ただの物質でしかなく、流通量が少なく希少であったことから価値を付加された〝思い込み〟の産物です。

これらはまだ目に見えるものであるため、わかりやすく差を感じるのかもしれませんが、運やツキとなると、一体何を比べるのかの判断基準すら曖昧になってきます。そもそも運というものの性質は、一時点の「点」として把握するものではなく、過去から現在にかけての時間軸という「線」で把握するものです。どこに基準を置くかによって運が良い、悪いと表現することはできますが、他者に基準を置いても比較しようがありません。また、運の良し悪しは非常に主観的なものであるため、周囲からは不幸に見えたとしても当の本人は幸せだったり、またその逆の場合もあるでしょう。つまり運やツキは自分を対象に、現在と過去とを比較したり、過去に基準を置いて現在の自分がどうであるかを体感的に判断するものなのです。現在の自分が過去の自分と比べて幸せだと感じられるなら、それで十分です。それだけ前進している、成長しているということですから。

もしもあなたが「今の自分は幸せだ」と思えるなら、それは素晴らしいことです。それをわざわざ他人と比べて確認する必要はありません。物質面でも精神面でも比較する意味はないのです。「自分の魂が成長しているか」、その問いかけこそが「龍と共に生きる＝運の波に乗るための方法」であり、自己肯定感に根差した「強運」を呼び起こすための答えを見つける方法だと言えます。「強運」とは人間性を磨くことで、運に対する感性を目覚めさせるという考え方です。運の波に乗るための条件は、３つあります。

①原因自分説
この世で起こる全ての事柄の原因はただ「自分」にある。
②顕心照人《けんしんしょうじん》の法則
問題解決の答えは既に自分の中にあり、それを照らして明らかにすることが重要である。
③試金石理論
あらゆる幸福も不幸も龍神（大いなる存在）の導きであり、自己成長のための試しである。

これら3つの発想をもってすれば、何が起きても「自分は良い方向へと導かれている」という自己肯定感が養われていくはずです。
大宇宙そして大自然の悠久たる営みを思えば、私たち人間が生きていられる時間はほんの一瞬にすぎません。だからこそ、どのような人生だったとしてもかけがえのない価値ある体験です。その短い時間の中で、私たちは何ができるのでしょう。お金を稼ぐことでしょうか、はたまた権力を得ることか、たくさんの人気を集めることか……。それもいいかもしれません。しかし、それはあくまでも途中経過のミッションにすぎず、最終目標にするには虚しいものだと言えます。考えてみてください。これらはどれも「死」の後に持っていくことができないものではありませんか？

これらは人間が生きるほんの僅かな時間の中で楽しんだり、満たされたりするものです。そのような一過性のものに人生の全てを注ぎ込むのは勿体ないことではないでしょうか。

「虎は死して皮を留め、人は死して名を遺す」という故事があります。人は死んだ後にこそ、その偉業によって名前が語り継がれるという意味です。つまり、何を遺したかによってあなたの生きた意味、一生の価値が決まるということです。多くの偉人や世界的な成功をおさめた英雄たちは、魂を磨いて自己実現をしながらも必ずと言っていいほど社会や人に尽くす「社会貢献」という道を選んでいます。

なぜそうするのか。それは「遺す」ということを意識するからなのかもしれません。

このように、短い一生のうちに自分を肯定して何を成し、何を遺すかを考え行動することが、「龍と共に生きる」ことだと私は考えております。そして龍と共に生き、森羅万象へと至ることとは、未来永劫続いてゆく安寧の道です。それは奪われることもなく、分け与えても減りません。「道」を拓いて遺せる人生でしたら、素晴らしい一生だったと振り返ることができるはずです。

困った時の「懺悔」のススメ

これまでお伝えしたことでどうしても自己肯定感を高められない場合は、おそらくあなたの中に深い〝引っ掛かり〟が存在しているはずです。周囲は気にも留めていない些細なことでも、自分にとってはとても深く忘れられない傷跡になっているケースも考えられます。そのような場合は、その傷跡へ触れなければ改善は難しいといえます。私自身、借金苦にあえいでいた際には社会的に評価されていても「こんな自分のどこに価値があるのだろう」と自虐的になっていました。自分の思い込みが凝り固まると、白いものも黒く見えてしまいます。

そんな時に試してもらいたいのが「懺悔《ざんげ》」です。

懺悔というと、あなたはどのようなイメージを思い浮かべるでしょうか。そもそも懺悔とは宗教的な要素が深く関連している行為です。各宗教における神の前において自らの罪を告白し、悔い改めるという意味で使われることが多いでしょう。ただ、今回は仏教的に捉えてください。お釈迦様の仰る懺悔というのは、ただ自分の罪を吐き出すだけではなく、罪悪感を払拭するために天へ許しを請うのが本質です。悪い行いや恥ずべきことをしたと感じた時、そのことを恥じて懺悔すると罪（罪悪感）が消えるとされています。しかも懺悔を深くすればするほど、罪（罪悪感）は消えてなくなります。懺悔の深さは当人の気持ちによって変わるもので、本当に悪いことをしたと思えば思うほど、深い懺悔になるのです。

罪から解放されたい、心を入れ替えてもう一度始めからやり直したいという想いを込めて、心から〝改心〟を誓うことで「許されたい」という気持ちを天に受け入れていただく行為、これが「懺悔」です。一方、「反省」とは自らの現状を受け入れたうえで行う行為であり、まだ自己肯定ができている状態です。しかし、懺悔とは現状を受け入れることができていない状況なので、自分を肯定することができません。そこで自分の罪（罪悪感）と改めて向き合うことで、過去の過ちを清算しようとする行為になります。

なお、「後悔」という感情は、過去に対して想いをはせる罪の念です。自分を痛めつけることにこだわり、過去を悲観する非生産的な行為と言えます。この状態を〝懺悔〟し、許されることが自己肯定感を育むための土台となります。私の場合も、神仏の前で自分の愚かさを吐露して許されたいという気持ちをお伝えし、お導きを得ることができました。どんなに理不尽に見えることでも、本当は全て自分に原因があるとわかっていたのです。でも、独りではそれを直視できませんでした。だからこそ神仏という存在の前で懺悔することができたのでしょう。懺悔は新しい自分に生まれ変わるための、心の影を取り除く儀式なのです。それができれば、自己を少しずつ肯定し、龍神と繋がることができるでしょう。

あなたはあなたのままで、龍神様に愛される

ここまで何者にも奪われない「自己肯定感」についてお話ししてまいりましたが、

最後に一番大切なことをお伝えします。それは、「あなたはあなたのままでいい」ということ。使い古されたフレーズですが、確かに事実であり、誰もが心に留めている大切なフレーズでもあります。そしてこの発想こそが、龍神の加護をいただくうえで必要不可欠なのです。

私はよく人様のことを〝花〟に喩えてお話しします。各々がそれぞれの色（個性）を持ち、皆が好きにその色の花を咲かせればいい、それが人の世であると考えています。そして、今の時代はまさに「十人十色」が許されるオンリーワンの時代なのですが、花である自分自身がそれを否定してしまうと、花開く機会を失ってしまいます。

その原因は、既存の価値観に縛られたり、他人と比較をすることにあります。

本来、人間一人ひとりの中には小さな神仏が宿っているとされ、そして皆が宇宙規模で繋がっているという説があります。もしそうであるなら、神仏の眷属《けんぞく》である龍神とアクセスするには、高い自己肯定感が土台になるということがわかっていただけると思います。競うことも争うことも無意味であり、自分自身を楽しく成長させて生命を満喫するというのが、物質世界においても精神世界においても正解なのです。

本書は自己肯定感を養って龍と共に生き、願望成就を引き寄せるためのものですが、実は裏のテーマとして「あなたはあなたのままでいい」という願いを込めています。

仏教では、私たちのこの世界は「業界《ごうかい》」と言われています。業とは「行い」ということであり、一人ひとりの行いが生み出した世界に、それぞれが住んでいるということです。自己否定の孤独で苦しんでいるのは、あなただけではありません。自分が寂しいと苦しんでいる時、まだ見ぬ誰かもまた孤独に苦しんでいるのです。そのことがわかれば「誰もが孤独で苦しんでいるもの」と自己否定の孤独を受け入れることができるのではないでしょうか。

私たちは、一人ひとりこれまでの行いや経験が生み出した世界に生きています。これまでの行いや経験は各々で全く違いますから、同じものを見ても聞いても、感じ方や受け止め方は違います。しかし、自分の中に評価の軸をつくり出し、他者と比較して自分を裁いているのです。だからこそ自分を肯定する力を魂のエネルギーに変えて、そのままのあなた自身を受け入れる勇気を持つことが大切なのです。

……大丈夫です。私も上手くできていませんでした。かれこれ30年もです。「なぜ自分はこうなんだ、あの人が羨ましい」「あんな風になれたらいいのに……」と、自分自身に目を向けず、欲しいモノばかりを見ていました。そんな私だからこそ心理学や占い、仏教の世界に憧れを見出したのだと思います。でも、これだけは保証します。あなたは孤独ではありません。あなたの人生は尊い意味を持っています。だって、あなたはこの世界にただ一人なのですから。自信を持って大自然の最高位の神、龍と共に生き、ぜひその後押しをいただいてください。

コラム

「邪気」を寄せつけない龍神が宿る身体づくり

医療法人社団　ＨＯＬＯＳ・クローバーこどもクリニック院長
眞々田　容子

生き物の身体をめぐっている生命エネルギーを、古来「氣」と呼んでいます。オーラやプラーナなどとも呼ばれ、世界各地でも「氣」の存在は認識されています。日本では「氣」という難しい文字を使用していたのですが、第二次世界大戦後、漢字の見直しが行われ「氣」は「気」となり、常用化する流れとなりました。

「氣」という文字の上部分「气」は气部（きがまえ）と呼ばれ、湧き上がる雲の象形を表しています。そして、その中にある「米」は、末広がりで八方に広がることを意味しています。つまり、エネルギー本来のあるべき姿として、全身から放出されることを表す文字です。一方で、気の文字の中にある「〆」は〆るという意味合いであり、エネルギーをしっかりと締める（抑制する）ことを表しています。私たちの身体を流れる気は本来、閉じるものではなく開くことで身体から立ち上るものなのです。

さて、そんな「気」にもさまざまな種類がありますが、龍と共に生きるうえであなたに最も意識してほしいもの、それが「正気（せいき）」です。これは日常生活を営むエネルギーでもあり、生命力そのもの。そして、生き物が元来持っている治す力「自然治癒力」を意味するものです。病気やメンタルの不調時など、この正気が弱っている時に起こる症状だと言えます。

また、この正気と相反するものが「邪気（じゃき）」とされ、自分の身体と心に良くない影響を与えるものです。この邪気は一般に、外から入ってくるものと自分の中から生じてくるものの二つがあるとされています。もし、正気が強いのであれば、邪気を抑え込み、心身を健康に保つことができるでしょう。しかし、正気が弱まっていると、邪気に負けてしまい〝病気〟になってしまいます。

この病気の引き金となるのが、穢れ（けがれ）つまり「気枯れ（けがれ）」なのです。生命エネルギーである「気」が少なくなると、人は本来の自然治癒力を発揮できなくなり、邪気につけ込まれる隙が生まれてしまいます。そこから私たちは病気になってしまうというわけなのです。反面、あなたが持つ元々の気を取り戻すことを「元気」になると表現します。これは何か特別なことをするのではなく、自分の中に眠る本来の気を正常に巡らせることで取り戻せる状態。ありのままの私たちは、実は〝元気〟なのです。

しかし、外からやってくる邪気に晒されていると、いつの間にかその元気が損なわれてしまいます。例えば、ウイルスや細菌などに始まり、風邪（乾燥した空気）や寒邪（寒さ）、暑邪（暑さ）、湿邪（湿気）、燥邪（乾燥）、火邪（熱中症）など、外部環境の変化が起こると、身体の調整が上手くいかずに重く感じたり、熱が出たりしますよね。これらは全て「外邪」という外からの邪気によるものとされています。今も昔も天気が悪い時や季節の変わり目は、外邪の影響を受けやすいため「無理しないように」と言われてきたのです。

そしてもう一つ、私たちの中にも邪気は潜んでいます。それを「内邪（ないじゃ）」と呼び、例えば喜び、怒り、憂うつ、悲しみ、恐れなど、これらの感情や思いの〝強さ〟と〝長さ〟によっては、身体を弱めてしまうのです。古代中国の「陰陽五行説」によると、怒りは肝臓を、喜びは心臓を、憂うつ（思慮）は脾臓（リンパ系器官）を、悲しみは肺を、恐れは腎臓を傷めるとされています。どんな感情も強すぎたり、長く持ちすぎることは心の病「内邪」に繋がる恐れを持っていると言えます。

ここで龍神が宿る身体と心づくりが重要になってきます。難しそうに思えるかもしれませんが、非常にシンプルで簡単なことです。まずは邪気を寄せつけない身体づくり、それが「睡眠」と「食事」と「呼吸」です。この3つは龍神と繋がり、生命エネルギーを活性化させる一番大切な要素です。

睡眠……しっかりと寝ることとは、身体と魂をきれいにするクリーニングの時間を確保するということ。クリーニングが完了すれば、自然と私たちの身体は目が覚めるようにできています。

食事……和食の基本である〝一汁三菜〟は、炭水化物・脂質・タンパク質・ビタミン・ミネラルの5大栄養素をバランスよく摂取できる健康的な献立。特に旬の食材は生命エネルギーが強いため、積極的に取り入れると良いでしょう。

呼吸……深呼吸（腹式呼吸）は、自律神経のバランスを整える効果があり、血圧の安定、ストレスの緩和、集中力の向上などにも良い影響を及ぼします。お腹を膨らませてゆっくり吸う息と吐く息に意識を向けるだけで心身が整います。

そして次に、邪気を寄せつけない心づくり、それは「運動」と「笑う」と「好きなことをする」ことです。この3つは、龍神様が好むポジティブで向上心のある人格をつくり、そのためのメンタルを維持するのに欠かせないアクションなのです。運動すると自分の中にある「気」を動かす作用があり、全身に気を行き渡らせることができます。また、笑うことは「笑う門には福来る」ということわざにもあるように、邪気を払う「気」の力を引き出す作用があります。そして、好きなことをすると私たち人間は「気」が増幅して、どんどん明るく〝陽気〟になっていきます。

このように肉体と精神から自分を整えてあげれば、私たちは病知らずの「元気体質」になることができます。これこそが龍神様のお力をお借りするうえで、大切なライフスタイル。邪気を払って、龍神様に愛される心身づくりを心がけてみてはいかがでしょうか。

第3章

龍神様が願いを叶えてくださる理由

そもそも「龍」とは？

龍の発祥は古代中国。新石器時代（紀元前6000年～）に陶器や像に龍のようなものが発見されているようです。その頃の龍は今のような姿に定まっておらず、さまざまなイメージで描かれていました。私たちが思い描く現在の姿になったのは、「龍＝皇帝のシンボル」とみなされるようになった漢の時代（紀元前206年～）以降で、日本においては弥生時代の土器や鏡の装飾などに見られるようになり、古墳時代には壁画に龍らしきものが確認されています。当時の壁画としては高松塚古墳（奈良県）が有名です。

さて、そんな古くからの歴史がある龍ですが、その存在は何かというと大自然の精霊の一つとして見られる説が有力です。龍〝神〟ともなると、自然神の最高位になるとされ、天候を司って雨を降らせたり、時には天変地異を起こしたりするとも言われています。ただ、仏教における龍とはスピリチュアルな存在ではなく、「ナーガ」と言われる蛇の精霊の一種が、仏や仏法を守護する「(天龍) 八部衆」の一柱、護法善神《ごほうぜんしん》になった姿であるとされています。そして、神社に祀られている神道の龍神も、この仏教的な龍神信仰の影響を強く受けています。つまり、龍とは「仏法僧の守護神」であるというのが定説です。実際に「お釈迦様の誕生をたたえ、龍がそのお身体に甘露の雨を降らせて祝福した」という伝承が多くの経典に残されています。なお、お釈迦様に帰依する前のナーガには善悪があり、邪龍とされるものも存在しました。

また、龍王と龍神の主な違いは、その信仰の背景にあります。龍王は仏教観に基づき、人間と共に仏法を守護する存在とされています。一方、龍神は自然現象を司る神々の一つで、神道や日本独自の文化の中で信仰されています（諸説あり）。

龍が守るものとその役割

龍は、仏教の守護神であると同時に水を司る神としても知られています。龍神とは古代においては水神であり、水の元となる風雨をもたらし、海や川の支配者であると信じられました。つまり、古代アジア一帯における水の分配を司る神への信仰「水分《みくまり》信仰」こそが龍神信仰のベースであり、日本の〝修験道〟とも深く結びついています。大河が龍であると同時に山もまた龍、すなわち大地は〝龍体〟なのです。ここから、龍が守るものは水をはじめとする「大自然」であるということがわかります。言うまでもなく、水は天から降り、山から流れて渇きを潤し、作物を実らせるために必要なもの。水は命の根源とも言えます。

また密教においては、水には五つの徳が備わっているとされます。それは仏の知恵である「五智（法界体性智、大円鏡智、平等性智、妙観察智、成所作智）」です。

法界体性智《ほっかいたいしょうち》……大自然全てに備わっている命の智慧
大円鏡智《だいえんきょうち》……水鏡のようにあらゆるものの真実を照らし出す智慧
平等性智《びょうどうしょうち》……全ての水面のように等しく平等であるという智慧
妙観察智《みょうかんざつち》……水に映るかの如く全ての真実を正しく認識する智慧
成所作智《じょうそさち》……あらゆるものを完成させる水の恵みのような智慧

また、道教の思想家である老子が遺した「上善如水《じょうぜんみずのごとし》」という言葉にも、生き方の最上の策として書かれています。これは「人間の理想的な生き方は、水のようにさまざまな形に変化する柔軟性を持ち、他と争わず自然に流れるように生きること。つまり、自己を主張せず他者を尊重し、適応しながら生命を育むような存在を目指すべき」という教えです。

この言葉からもわかるように、大自然は水を中心として実践的な生き方を、その存在をもって私たちに教えてくれています。そのため龍、とりわけ龍神は、大自然の神霊として調和を保ち、人々に恵みをもたらすと同時に教育教化する役割を担っているものと考えます。

龍神信仰と「八大龍王」

私たちにご縁の深い水神様といえば〝七福神〟の弁財天が挙げられますが、〝龍神信仰〟と言えば「八大龍王」が切っても切れない関係にあります。この八大龍王とは、何億もの龍を束ねる八柱の護法善神であり、お釈迦様の眷属です。天龍八部衆の中の、さらに〝龍部〟をまとめる八柱の龍王です。法華経系の場合は、難陀《なんだ》、跋難陀《ばつなんだ》、沙伽《しゃが》羅《ら》、和修吉《わしゅきつ》、徳叉迦《とくしゃか》、阿那婆達多《あなばだった》、摩那斯《まなし》、優鉢羅《うはつら》の八柱となります。これら八大龍王こそが、現在の龍神信仰の基礎であると言えます。なお、密教系の八大龍王の場合、少しメンバーが異なります。

龍神に祈願すると、商売繁盛、富貴栄達、出世、勝負事、除災招福、恋愛成就、五穀豊穣など幅広いご利益があるとされているのは、この八大龍王の存在が根底にあると言えるかもしれません。これらの龍王たちはそれぞれ独自の力と領土を持ち、海の安定を守るだけでなく、天候など自然との調和を維持する役割を果たしていると考えられます。

そして龍神と繋がるための〝真言〟は、日本語では「オン　メイギャ　シャニエイソワカ」。真言とはサンスクリット語でマントラ（Mantra）と呼ばれるもので、「真実の言葉、秘密の言葉」という意味です。声に出して耳から音の波動を取り入れるというところに特徴があります。潜在能力に直接働きかけることで、願いごとを叶えたり困難に打ち勝つ力をもたらす効果があると伝えられています。なお、真言は3回唱えるのが一般的とされています。

龍と神様と仏様

龍が私たち人間にどう関わろうとしているか、それを紐解くうえで神仏は切り離すことができません。なぜなら、先に述べたように龍神は自然神であり、仏法の守護者であり、神道でもよく祀られているからです。そこで神仏と龍との関係から、龍の思惑を考察してみましょう。

まず神道は日本の宗教であり、古代から現代に至る民族宗教の一つです。その起源は古代日本に遡り、伝統的な民俗信仰や祖霊信仰を基盤に自然信仰（アニミズム）と結びついています。神道は教祖を持たず、森羅万象に神が宿ると考え、神話や八百《やお》万《よろず》の神、自然現象など精霊的な信仰の文化だと言えます。神と自然を一体のものと見なしているのが特徴です。このように、神道は日本の歴史や文化に深く根ざした宗教であり、神社や祭祀を通して日本人の生活と密接に結びついています。

一方、仏教は真理に目覚めた仏陀《ブッダ》と呼ばれる人が説いた教えです。仏陀は紀元前6世紀頃のインドに生まれたゴータマ・シッダールタという人物で、釈迦とも呼ばれています。仏教の目的は、仏陀のように悟りを開き、苦しみから解放されること。仏陀の説いた教えに従って悟りと解脱を成し「成仏《じょうぶつ》」、すなわち仏に成るのを目標としているわけですね。つまり、人の一生に訪れるさまざまな苦しみから解放され、心穏やかに生きることを目指す宗教です。人生には、病気や死、老いなどさまざまな出来事があります。こうした苦しみは避けて通ることができません。仏教の考えでは、生きることは思い通りにならないことばかりで苦しみに満ちている（四苦八苦）というのが基本となっています。そこで、苦しみを解決する方法を説いているのです。

さて、この神道と仏教ですが、歴史的な背景を紐解くと、日本に元からあった古神道に仏教が混ざり合い、独自の信仰へと変化した経緯があります。それを「神仏習合」といいます。実は宗教が混ざるということは、世界的に見ても非常に珍しい現象です。龍神は仏教の守護者として崇拝されますが、神道でも崇拝されるのはこの神仏習合の影響によるものだとされます。

また、仏教における〝仏〟には階層があります。はっきりと階層わけされているわけではなく、グループと言った方がわかりやすいかもしれません。その階層を大まかに分けると、如来、菩薩、明王、天部の４つです。「如来」は仏の中で最高位とされ、真理に目覚めて悟りを開いたグループです。中でも釈迦如来は、龍神が仏法守護のきっかけとなった仏様。次に「菩薩」ですが、ゆくゆく将来は如来になることが決まっている仏です。そのため、如来になるための修行をしているのが「菩薩」と呼ばれます。観音菩薩は、よく龍神の背中に乗っている姿で描かれることが多く、相手に合わせて必要な物を用意して助けてくれる慈悲深い仏です。そして「明王」は、如来の化《け》身《しん》とされ、如来のままのお優しい姿では言うことを聞かない人々のために、あえて憤怒の姿に変身したものです。仏なのに怖い顔をしているのは屈伏させることを目的にしているためだとされます。なお不動明王は龍神と縁が深く、倶利伽羅《くりから》龍王が剣に宿った倶利伽羅剣で有名です。最後が「天部」で（例えば帝釈天《たいしゃくてん》、梵天《ぼんてん》など）、仏や教えをさまざまな形で守護する「神々」です。天部はもともと仏教以外で信仰されていたインドの神様が元であり、私たちの日常に最も身近な仏だといえます。

このように、神仏と龍神は非常に縁が深く、神や仏が私たちを救いたいという気持ちを持っていらっしゃるように、龍神もまた人を助けたいという意思を持っていると推察します。なぜなら、人間が発展して大自然（地球）全体が良い方向へ向かっていくことが、龍神界（アストラル界：魂や想念の存在する空間であり、私たちの感情を形成しているエネルギーの次元）の発展にも直結するためです。そのため龍神は、私たち人間と協力し合って大自然をより良くしていきたいと後押しをしてくれるのです。特に、影響力のある人や明るくて精神性の高い人、自分を律する人などを進んで守護するのは、それらの人がポジティブな行動力に優れ、龍神信仰を広める力を持っていると考えているからなのかもしれません。だからこそ、龍神は恐ろしいものでも必要以上に崇め奉るものでもなく、手を取り合って成長し合う関係を結べるのです。つまり、龍神は私たちの幸せを願って後押ししてくれる力強い存在。まさに最高クラスのガーディアン（守護者）なのです。

龍を祀る神社・仏閣へ参拝を

恵みと力をもたらしてくれる龍神様の加護を、あなたも得たいと思いましたか？そんな時は、シンプルに神社仏閣へ足を運んでみましょう。特に龍神や水神を祀っている場所、そして水が綺麗で澄んでいる環境と、日本全国にそのスポットはあるはずです。直接足を運んで〝ご縁〟をいただくことがまず始まりです。龍神さまは愛と力にあふれる存在ですが、待っているだけではあなたの元へ訪れてはくれません。自らその門を叩きにうかがう姿勢が重要です。ただし、お参りをする前にご縁をいただくためのイメージが大切になってきます。

龍神様は、太古から私たち人間を見守ってくれた自然神です。しかもそのご威光は並ぶもののないトップクラス。古の時代より時の権力者、勇猛果敢な戦国武将、そして高名な僧侶や神主たちなど、多くの先人たちの願いと想いをずっと聞き入れてくだささいました。つまり、その存在と歴史に敬意を払い、自分なりに努力を尽くす〝覚悟〟の願いを抱いてお参りすることが大切なのです。わかりやすく言えば、世界的なスーパースターに会いに行くような気持ちで準備をしなければならないということです。あなたの気持ちがどんなに強くても、たくさんのファンの中で気づいてもらうには身だしなみをきちんとしていなければなりません。目立つために無作法なことをしたら、関わりたいとは思っていただけないでしょう。そして、あなた自身が会ってどうしたいか用件を明確にしておかないと、面会すらできないかもしれません。

龍神様もそれと同じだと考えておうかがいしましょう。参拝をするうえで大切なことは後ほどお伝えしますが、まずは「心構え」を整えたうえで足を運ぶことをお勧めいたします。特に初対面でのご挨拶は、あなたの住所、名前、生年月日、干支を名乗り、〝お願いごと〟ではなく〝ご縁をいただけたことへの感謝〟をお伝えしにまいりましょう。そのうえで、自分が今一生懸命になっていること、力を入れていることについてお話ししてください。そして、それを「必ず叶える」という強い意志を持って〝御宣言〟しましょう。ここで簡単に御宣言の流れをご説明します。

「龍神様、はじめまして、私は〇〇県〇〇市〇〇に住んでおります、△△△△と申すものです。□□□□年□月□日、干支は□年の生まれです。この度はご縁をいただきまして、誠にありがとうございます」。続いて、御宣言です。「私は今、街の人々の悩みに応えるために今年の○月に実施される○○試験に合格したく、日々勉強をしています。無事に受かったあかつきには独立開業し、自分の持てる能力を活かして人様のお役に立ちたいと考えております」。そして「この度は私の願いを聞いてくださり、心より感謝申し上げます」。と感謝の言葉を述べて終了です。このご挨拶から龍神様とのご縁が繋がっていくでしょう。

現実世界と精神世界の話

ここから少し精神的な話になっていきます。

まずは龍神の正体を深く知るうえで必要な「高次我《こうじが》」について説明しましょう。別の言葉で表現すると、ハイヤーセルフとも言い換えられます。自分の中にある最高の状態の内なる自己であり、私たちが今ここに在る3次元世界よりも高い次元に観念的に存在する自分です。

なお、私たちが存在しているこの3次元は「現象世界」であり、縦、横の平面に奥行きがプラスされた「空間」です。これより高次の次元として、「時間」を加えた4次元、さらに「無数の時間軸」が存在するのが5次元（パラレルワールド）だと言われています。量子力学においては、〝超ひも理論〟という考え方を用いて、10次元まで解明されているそうです。

高い次元にある完全な自分〝高次我〟はどこに存在するのかというと、仏教的には涅槃《ねはん》、生死を超えた安らかな悟りの世界にあると言えます。そして潜在意識でのみ繋がることができる、あなた自身の魂のようなものです。

私たちは体・心・魂からなる多次元的な存在です。身体の表面にも目に見えないエネルギー体やオーラが層を成しており、「神智学」によれば主たるものは4種類あるとされています。そのエネルギーの層は身体に近い方から、エーテル体、アストラル体、メンタル体、コーザル体です。

エーテル体（気）……物質である肉体と精神世界をつなぐエネルギーの次元

アストラル体（感情）……感情的な体験や情動を映し出すエネルギーの次元
メンタル体（思考）……思考や意識、創造性が形づくられるエネルギーの次元
コーザル体（信念）……それら肉体や感情、思考などを超越した魂レベルの次元

これらは私たちの信念や精神性を表し、魂の成長と進化に関連しています。そして生まれ変わりの記憶も刻まれていると言われています。さらにこの層の高次に、ブッディ体（魂そのもの）、アートマ体（魂の元）が存在するという説もあります。そうした各エネルギー体が存在する世界を総称して「精神世界」と表現します。

では、〝龍神〟と呼ばれる大自然的な高位の精霊はどこにいるかというと、私たちの感情的な体験や情動を反映する「アストラル界」に存在すると言えるでしょう。ここがいわゆる龍神界というわけですね。日本で古来〝龍〟と伝えられているお話の中には、アストラル体を表現しているのではないかと思われるものもあり、東洋思想の観点では人間の心の状態を形で表していると解釈することができます。

龍神様と引き寄せの法則

私たちが存在する3次元（現象世界）と精神世界の中のコーザル界との間にあるアストラル界。そこに存在するアストラル体はエネルギー的な身体であり、物理的な制約にとらわれません。そのため、時間や空間を超えた体験ができるとされています。つまり、夢や幻想、または瞑想状態での霊的な体験などはアストラル体を通じて行われるのです。「龍＝アストラル体」と考えると、龍神は私たちの感情エネルギーをコーザル界へと結びつけてくれる感情エネルギー体とも言えるでしょう。

さて、コーザル界のお話に移ります。コーザル界は、仏教の業（カルマ）という概念と関連づけられることがあります。カルマとは「行動の結果として現実が現れる」という法則です。つまりコーザル体は過去の行動や意図に基づいて未来の結果を「引き寄せる」オーラ層なのです。そのため目の前の現実、3次元の出来事が創り出されるのはコーザル界で、イメージや思考のエネルギーを通して生み出されるもの。実は

〝高次我〟はコーザル体として存在しているのです。

仏教の世界においては、前世や今生《こんじょう》、来世といった「三世《さんぜ》」の考え方があります。高次我はあなた自身の学びのために、この地上の世界に生まれる前の段階で今生において何を成すべきかを決定する存在だとされます。

そして高次我は、その「成すべきこと」に向かって、あなた自身が迷うことなく進んでいけるよう共に歩む存在でもあります。人生の中では、一見すると自分にとって苦しいことや不本意なこともたびたび起こるものです。しかしこれらは全て高次我がもたらした、あなたを進化させるための環境の変化なのです。そのため、これらの変化は全てその人が乗り越えられるようにできており、乗り越えることで魂が磨かれていくものがほとんどです。

仏教観においては、肉体が滅んでも魂は不滅であると考えられています。そして、高次我は魂そのものとされています。そのため輪廻転生において、器である肉体は生死を境に変化しますが、魂である高次我が変わることはありません。そして、今生で「成すべきこと」を成して、輪廻転生を繰り返すことで、魂はより高い次元へと成長を遂げていきます。だからこそ高次我に繋がることが、思考の現実化においては、最も近道なのです。

高次我は真我（大宇宙、神霊）と直接繋がっていて、その根本は「愛」だと言えます。そのため、高次我には不可能がない。つまり、どんなことでも引き寄せて現実化できるということになります。

このように、高次我はあなたの望むこと全てを叶える力を持っており、叶えたいと待っています。ただ、高次我に繋がるには顕在意識と潜在意識の間に立ちはだかる末《ま》那識《なしき》の壁を越えて、潜在意識にアクセスしなければなりません。要するに、あなたの潜在意識まで思考を浸透させないと受け渡すことができないのです。顕在意識でのあなたの思考は伝わりませんし、善悪や好き嫌いの判断もありません。そこで龍神の出番です。

龍神のエネルギーを借りることができれば、末那識の壁を越えてあなたが潜在意識に送り込んだ思考（願い）を、現実化してくれるのです。

あなたが何かを決めたとき、高次我との繋がりを全力でバックアップしてくれる頼もしい存在、それが「龍神」です。だからこそ、あなたはまず自分の心と向き合い、「どうしたいか」の本質を明確にすることが大切です。そしてその想いを感情エネルギーとして、アストラル界に存在する龍神へと届ける必要があるのです。

龍神様のご加護を最大限に受けるには？

ここで注意したい大切なことがあります。まず、高次我はあくまで自分自身であるので、どんな人にも必ず存在します。また守護霊や指導霊（ガイド）といった他者からの思念、霊体とは全く異なるものです。

簡単に説明すると、「守護霊」とは、生まれた時からあなたを守ってくれている存在です。過去にご縁があった存在であることが多く、基本的に生涯変わることはありません。何人もついてくれるケースもあります。「指導霊（ガイド）」とは、あなたが本心から決意した時に導いてくれる存在です。人生の課題や必要に応じて入れ替わることがあります。この２者はあなたを助けて守ってくれるありがたい存在だと言えます。お墓参りや手を合わせて感謝するなどして大事にしましょう。

一方で高次我とは、あなた自身の魂そのものです。何かから守ってくれたり、直接的に導いてくれたりする存在ではありません。輪廻転生で変わることもない不変のものです。高次我は理想のあり方をあなたの生涯を通して示す形で、あなたと共にあると意識してみるとわかりやすいかもしれません。

そして最後に、龍神が守護神になる話は時々耳にしますが、これは龍神ご自身が、徳を積んで格を高めていくエネルギー体であるから。神仏の愛と恵みを私たちに体現することで、龍神はより大自然の霊性を高め、高位の存在になっていくのです。実際に、個人を直接守護することはないと言えますが、世の中（大自然）にとって必要なことを成そうとしている人の想いに共鳴してくだされば、その想いが実現するまでの時間を恐ろしいほどの勢いで短縮してくれるでしょう。なお、その速度は、光の速さ（約30万㎞／s）と等しいと考えます。この速さにおいては太陽から地球まで約８分19秒、月から地球まで２秒もかかりません。まさに「１秒間に地球を７周半回る」ことができるほどの速さなのです。コーザル体まで願いを届けてくれるわけですから、人間が体感している時間を超えて瞬時に望みが叶ったりするのはこのためです。そのような人は運の勢いがあるように見えることから「龍が憑《つ》いている」と形容されてきました。古来、龍神に願掛けをする人が多いのは、願望成就が目に見えてわかりやすいからというのも理由の一つでしょう。

肝に銘じていただきたいのは、よこしまで個人的な願いに龍神は反応してくれないということ。より大きく、より世の中に必要な想いに共鳴してくださるということを忘れないでください。そして大自然にとってマイナスになるような思想や信条にも力を貸すことはないでしょう。大自然の摂理に反することは、龍神の存在否定に繋がるためです。そして、不幸なことや起きて欲しくないことのイメージを繰り返し、それが現実に起きてしまうのも高次我の作用です。ネガティブな思考を潜在意識に送り込んでしまうと、現実へと引き寄せてしまうので、シャットアウトするように訓練する必要があります。その方法は後ほどご説明します。

また、あなたがポジティブな現実を願ったとしても、それが実現する過程においては一見、ネガティブに思えることが起こる、ということも覚えておいてください。それは高次我があなたの望みを最短で叶えるために起こした、最善の出来事なのです。身の丈をわきまえず一足飛びに突拍子もない理想を願えば、願いと現実の差を埋める調整に必要な〝ひずみ〟も大きくなるということです。こういった調整が、龍神の怒りを買うと恐ろしい祟りがある、とされることの所以なのかもしれません。

コラム

「天人合一」と「薬食同源」

南青山エッセンス　オーナーシェフ
NPO法人全日本薬膳食医情報協会理事長　薮崎　友宏

薬膳や東洋医学の根本となる考え方の中に、「天人合一（てんじんごういつ）」という言葉があります。「天」は自然、つまり神を意味し、人も自然の一部であり、自然環境に寄り添い生きていくことが健康に過ごすための基本であるという考え方です。昔の人々が大自然と共存し生活していくうえでの基盤としたのが、薬膳・東洋医学の基本にもなる「陰陽五行思想」でした。そこに対応する四神（東の青龍、南の朱雀、西の白虎、北の玄武）を統括するのが〝黄龍〟と呼ばれる龍神（麒麟とする説もあり）です。古来人々は、最も尊い「自然＝龍神」に対して畏怖の念を持ち、感謝と祈りを捧げてきました。そして自然の恵みをありがたくいただくことで日々生きながらえ、生活してきたことをこの言葉は示しています。

日本語としてすっかり定着した「医食同源」という言葉は、「薬食同源」という言葉をベースに1980年代に日本で生まれた、比較的新しい言葉です。「薬食同源」とは、薬（この場合は生薬を指す）と食材はもともと自然界に存在する物質としては同じものであり、薬に効果効能があるように、全ての食材にも効果効能があるという意味です。中国では「神農《しんのう》」という神が自然界に存在し、ありとあらゆる物を一日に百種類ずつ口にして、毎日七十の毒にあたり、お茶で解毒しながらも薬と食材を振り分けてきたとされています。そして、美味しくはないけれど効果効能が大きいものを薬とし、効果効能は薄い一方で、食べて美味しい物を食材として人々に与えていった、という神話があります。この神農は、日本でも湯島聖堂などで祀られています。

今を生きる私たちが毎日美味しい食事を楽しみ、いつまでも心身の健康を維持していくためには、自然と共存し、自然の恵みをいただくことがあってこそなのです。その自然こそが古来日本人が畏《かしこ》み崇める龍神であり、また私たち人間もその一部なのです。人の命は神からいただいた「分霊《わけみたま》」だとも言います。つまり、自然とは私たち人間の中にも存在するのです。自然は共存していくだけのものではなく、私たち自身でもあるということを、古来私たちの祖先が現代の日本に残してくれている神社仏閣の数が語ってくれているのだと思います。

食の世界にもSDGsが掲げられる現代ですが、「自然=龍と共に生きる」、この言葉の意味を今一度、考える時代になっているのではないでしょうか。

第4章

龍神様へのお祈りする方法

龍神様は光り輝く魂の器「徳」に惹かれる

龍神は、私たちの肉体と精神世界を繋ぐ〝感情エネルギー体〟であることはご理解いただけたと思います。このことを中国古代の自然哲学からわかりやすく表現したものが「五行思想」です。五行思想とは、自然界のあらゆるものを構成する「木・火・土・金・水」の5つの要素から万物がつくられていることを意味する考え方で、その5つの要素は、儒教を生み出した孔子・孟子が約2500年前に唱えた帝王学の原点「仁・礼・信・義・智」の5つの性質（五常）にそれぞれ対応しています。これらが全て備わった状態を「徳（魂の器）」があるとして、現代でも〝徳を積む〟〝徳が高い〟などと表現されることが多いでしょう。

これら5つの要素にはそれぞれ異なった役割があり、バランスのとれた形が理想とされています。

●木（仁）：利他……大地を包み込むようにすくすくと伸びる草木の象徴。どのような相手に対しても慈しみの気持ちを持って接する、いたわりの心を意味する。水（智）を帯びることでさらに広がっていき、火（礼）にきっかけや気づきをもたらしてくれる。一方で、金（義）に対してはその頑なさの前に無力になる。

●火（礼）：方法……自然に明るさと文明をもたらす太陽や灯の象徴。相手を尊重し、適切な距離感で礼節を尽くす精神性を意味する。木（仁）を与えられることで実質的な

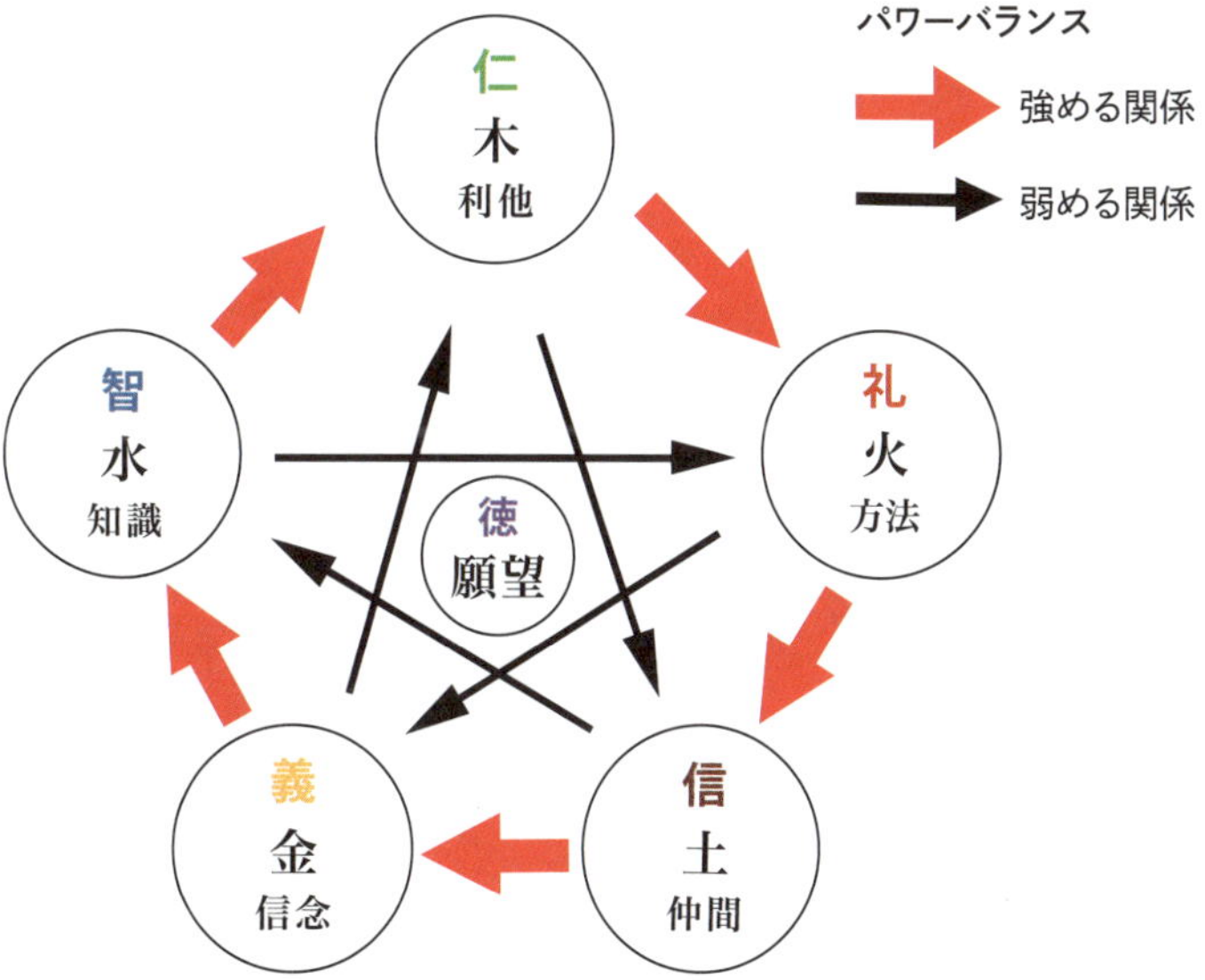

ものとなり、土（信）に役割や有用性をもたらすことができる。一方で、水（智）の合理性の前には慎ましく弱まる。

●土（信）：仲間……生き物に安心感と食物の恵みを与えてくれる山や畑の象徴。正直であるとともに相手を信じるという希望を意味する。火（礼）が加わることにより目的や方向がしっかりと定まり、金（義）の価値を高める作用を生む。一方で、木（仁）の前では無力化されてしまう。

●金（義）：信念……社会的意義や生活への使命感を抱かせる刃物や宝石の象徴。正義のための力や自分を磨いて成長させてくれる強さを意味する。土（信）が加わることでさらに鋭く磨かれ、水（智）を集めることができる。一方で、火（礼）の前では気持ちをくじかれ形を変えてしまう。

●水（智）：知識……生きていくために必要な潤いや変化を補ってくれる海や雨の象徴。生活の知恵やスキル、聡明な視点に気づかせる感性を意味する。金（義）が加わることにより知恵の活かし方がわかり、木（仁）に真の優しさや思いやりの指針をもたらす。一方で、土（信）の前では物事を判断するための選択肢が狭まる。

これら5つの要素がそろうことにより、願いを叶える「徳」の力が身につきます。この「徳」には、極端な考えを持っていたり偏ったものの見方をしたりしていては到達できません。例えば、金（義）の働きが行きすぎると「目的の達成を目指そうとするあまり、利己的になり孤立する」という結果になってしまいます。そうならないために、火（礼）の働きにより「ルールや礼儀をわきまえて公正に取り組む」という気づきが必要になってくるのです。こうして内省しながら中庸（調和のとれた状態）に自分を持っていくことで、自然と徳が備わってくるでしょう。

人間とは本来、神仏の姿をかたどった愛と光の存在です。5つの性質（五行）が善く働けば「徳」、つまり魂の器が輝きはじめ、心と体、そして人生を素晴らしい方向へと動かしていきます。そう、あなたが持つ〝光〟を強めてくれるのです。本来ならば全ての人の「徳」は美しい輝きを放つエネルギー体なのです。しかし、五行のバランスが悪かったり、邪な考えや行動によって偏ってしまったりすると、もともとの光が陰ってしまいます。

龍神は、人間が発する「徳」の光に惹かれて力を貸してくれます。龍神のエネルギーが私たちの魂の器である「徳」に流れ込んだ瞬間、高次の波動に共鳴して、アストラル体からコーザル体へと直結すると望みが叶う結果になります。つまり、龍神に愛される人というのは、五行の調和がとれていて「徳」が輝いている人だと言えます。

もちろん、あなた自身から醸し出されるオーラも見ちがえるほど変わってくるでしょう。ただし、望みが叶ったからといって成功のうえにあぐらをかいていると、五行のバランスが悪くなり、「徳」の輝きが曇って、龍神の後押しが得られることはなくなります。

もちろん、心構え次第でまた「徳」を輝かせることも可能ですが、なるべくなら魂の器を陰らせることなく、まっすぐに龍神と繋がっていたいものです。

龍神様と繋がる方法

では実際に龍神にアクセスするには、どうすればよいのでしょうか。それを説明するために避けて通れないのが、先にも少しお伝えした潜在意識と顕在意識のお話です。人の意識は、意思を伴った行動や決断を促す「顕在意識」と、無意識の行動や感情の変化を促す「潜在意識」に分類されます。私たちが日常生活を送っている時には顕在意識を用いており、睡眠時や瞑想時といった特殊な状況下では潜在意識に切り替わるとされています。そしてこの潜在意識こそが、龍神の住まうアストラル世界（精神世界）にアクセスするためのカギとなります。

ドイツの心理学者・ユングは人間の意識を氷山に喩え、「見えている顕在意識の部分はごくわずかで、海に隠れている潜在意識が大部分である」と提唱しました。さらに、顕在意識と潜在意識の間に「クリティカルファカルティ」という膜（境界）があるとされています。そして普段は顕在意識が潜在意識に蓋をしている状態が通常である、と。つまりこの膜（境界）こそが、龍神にアクセスするのを妨げる〝壁〟だと言えます。

そのため潜在意識は通常、意識的に用いることはできませんが、実は覚醒状態で潜在意識を活かすことも可能です。潜在意識を使えると精神世界にアクセスできるようになるため、意識の中で感情のエネルギー体である〝龍神〟を見ることができたり、場合によっては、対話を通して過去の深い記憶や経験、第六感などを活用し、今後の人生に起こりうる出来事へ最善の手が打てるようになります。そのため、潜在意識を活用できると「龍神から守護されている」と形容されるような人生を送ることができるのです。

潜在意識を活用できるようになるには、脳波をシータ波の出る状態（瞑想状態）に持っていくことが必要です。つまり脳波がシータ波になっている時に、精神世界へアクセスできるようになるということです。

では、シータ波について少し説明いたします。シータ波は睡眠に入る状態や浅い睡眠の時などの脳波です。また、催眠術にかかりやすいような状態であるとも言えます。そして、瞑想をすると通常はアルファ波が出ますが、瞑想が深くなるにつれシータ波に変化していきます。

つまり、シータ波の状態は悟りの境地とも言えるのです。ここに到達することで、精神世界にいる龍神にアクセスすることが可能になります。

龍神が叶えてくれるものはあなたの〝本質的〟な願望

龍神は私たちに〝現世利益《げんせりやく》〟をもたらしてくれる大自然の神霊です。現世利益とは、この世でもたらされる現実的な幸せ、願望の成就を指します。私たち人間にはさまざまな望みや願いがあります。世の中には、それこそ星の数ほど〝欲〟があふれているでしょう。しかし欲とは、裏を返せば生きるためのエネルギー源であるとも言えます。

ここで問いたいのは、あなたが抱いている望みや願いは、本当に心から望んでいる〝幸福〟なのか、それとも〝欲〟なのかということです。望みや願いを掘り下げていくと、〝願望〟と〝欲望〟にはギャップがあります。「ギャップがある」とは、「自分の幸福に〝直結〟するか」という点が見落とされがちな意味です。ここを見落としてしまうと、求めていない事象が引き寄せられてしまい「こんなはずじゃなかった……」と後悔することにもなりかねませんので、注意が必要です。だからこそ今一度、自分の真の願望と欲望の違いについて考えてみましょう。

例えば、「宝くじで3億円の高額当選」を望んでいたとします。たしかに、これほどの額が当選したとあれば、働く必要もないでしょうし、贅沢で華やかな生活ができるかもしれません。将来のために貯蓄をして、精神的な安定を手に入れることもできるでしょう。ただ、3億円という大金でも、1万円札が3万枚と考えると、単なる紙切れに過ぎません。

その紙切れを価値のある物に交換しなければ、実質的な意味はないということになってしまいます。お札のインクの匂いが好きだったり、ドンと積まれた札束をただ眺めているだけで幸せな気分になったり、という稀有な嗜好がある場合は別ですが、おそらくそこに魅力は感じませんよね。〝金額〟という数字をたくさん蓄えていることは、満足感を得ることはできても喜びには直結せず、お金を使うことではじめて価値を体感できるのです。

大切なのは、他人の視線や世間一般の価値観の〝枠《わく》〟を抜きにして、自分が何を求めているかを純粋に知ること。この世の中に、あなたを幸せにできるのは、あなた以外に存在しません。だからこそ、周囲の意見や世間の価値観に惑わされることなく、自分の本質の願いを見つけ出さなくてはいけません。要らないものをどれだけたくさん渡されても、それは無価値で〝どうでもいい〟はずです。龍神のご加護による〝引き寄せ〟を適切に働かせたいなら、あなたが心の底から「こうしたい」「こうなりたい」という願望を、しっかり見出すようにしましょう。

本当の願いを見つける「自分史チャート」

もしかすると、自分が何を望んでいるのかわからなくなってしまった人もいるかもしれません。そこで、自分の本当の願望を知るために「自分史チャート」を作成してみましょう。自分史チャートとは、自分がこれまで生きてきた人生を、自分が感じるままに、「幸福感」の高低で視覚化するものです。

◆自分史チャートの作成方法

表の横軸は「時間軸」、縦軸は「感情軸」として、プラスマイナス０を中心に幸福感（幸せな感情、不幸な感情の流れ）を表します。そして、次の手順にしたがって

「自分史チャート」を作ってみてください。そうすることで、現在の自分を形成する価値観や物事の考え方を理解できるようになります。

①感情が大きく動いた出来事を中心に人生を思い出す

あなたにとって転換期となったイベント、人との出会い、良かったことや悪かったこと、強烈に記憶に残る体験など、自分の人生に大きな影響を与えた出来事を思い出してください。

②その出来事を時系列ごとに〝点〟を記入する

それらの出来事があった箇所（横の時間軸：何年・何歳の時か、縦の感情軸：ネガティブかポジティブか）に点を打ちます。

③それぞれの点を一本の〝線〟でなだらかにつなぐ

②で書いた点を、それぞれ線で結んで、あなたの人生における「山」と「谷」を描き出してください。

◆作成にあたってのポイント

・自分史のキーワードを記入する際には、あまり深く考えずに、自分がその時「感じたこと」をありのまま書き出してください。

・あなただけの真実の運命の歴史を描くために、素直に記入してください。

この自分史チャートによって自分の人生の経緯が〝見える化〟されると、自然とあなた自身のことが浮かび上がってくるはずです。

重要なポイントについて、例を挙げながら紹介していきます。

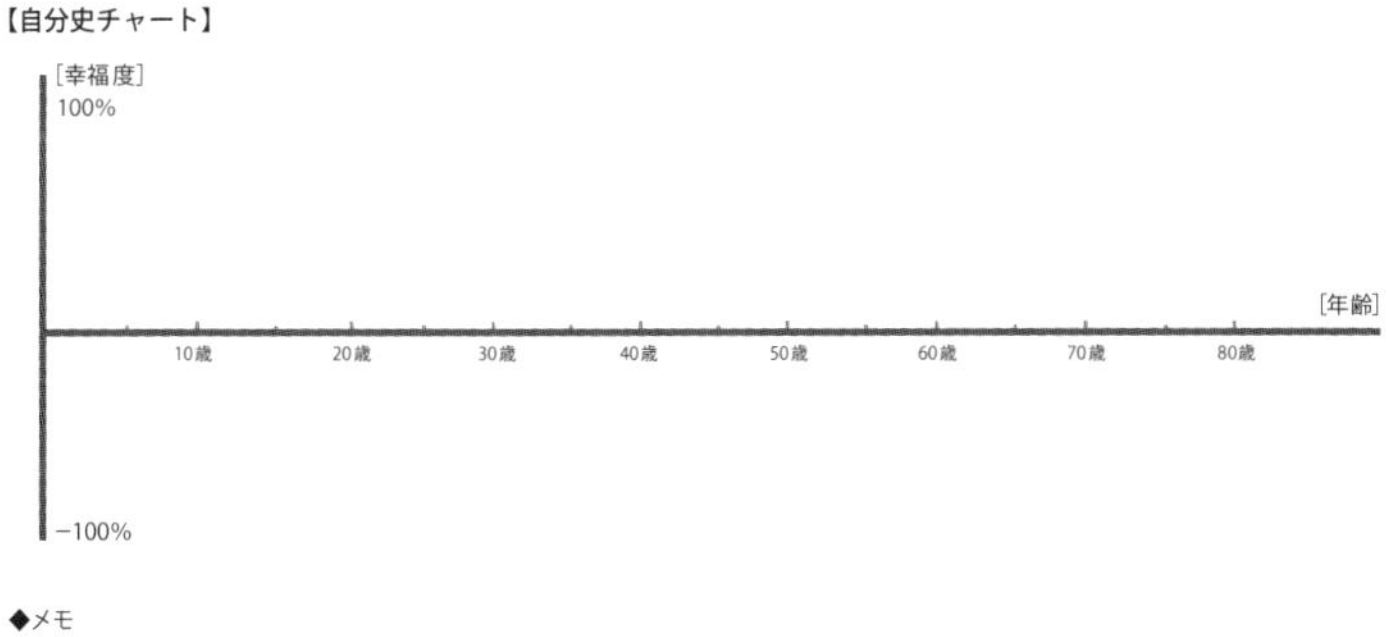

自分史チャートフォーマット
（238ページよりダウンロードできます）

●自分の弱みは何か、強みは何か
（例：弱みは飽きっぽいこと、強みは好奇心旺盛なところ）
●自分にとって大切なものは何か、どんなこだわりが強いか
（例：大切なものは信用、こだわりは時間を守り、予定通りに動くこと）
●何に喜びを感じ、何に苦しみを感じがちか
（例：自由にやれることに喜びを感じ、束縛されることに苦しみを感じる）
●時間の経過により自分の価値観や内面はどう変化したか
（例：20代は社会的地位、30代は経済力、40代は自分らしさを重視している）
●出来事から〝学び〟は得られたか
（例：人間関係のすれ違いを通して、相手の真意をはかる大切さを知った）

この5つを簡単にまとめられれば完成です。後はこのチャートを整理することで、あなただけの本質的な願望が現れてきます。本来は人生における幸福と不幸は紙一重。しかしチャートに波があるということは、あなただけの明確な判断基準があるはずです。そこで幸福と不幸を仕分けている、その基準を「3つだけ」書き出してみてください。そして、それぞれを深掘りしていきましょう。例えば「お金」だとしたら、「宝くじ3億円当選したい」→「まとまったお金が欲しいから」→「豊かな生活を送りたいから」→「時間や人間関係に悩まされず自由に生きたいから」→「今を大切にしたいから」→「一回きりの人生後悔したくないから」……（答えが堂々巡りになってきたら、はじめて「どうしたいか」を考えましょう。きっと「今○○をやりたい」「××へ行きたい」というように、本質的な願望が現れてくるのです。

実はこれがあなたの本当の夢や願いであり、人生のエネルギーの核となる「引き寄せるべき固有の想い」です。龍神は人間が放つこの〝(感情）思念エネルギー〟が大好きなのです。そして、このエネルギーをベースに願いを叶えてくれます。ただ、この本質的な願いは、自分個人で完結するものではなかったりします。人は繋がりの中で生きている社会的な生き物であり、独りではどんなに欲しいものを手に入れても満足できないのです。つまり、他者を介してはじめて自分という存在を認識し、自己実現（こうありたいという自分になる喜び）を感じることができます。そのため、自分史チャートにより現れた本質的な願望は、結果的に誰かを喜ばせることであったり、ひいては社会や世間のためになったりするであろうことに気づくはずです。そして、その規模が大きければ大きいほど、その喜びが深ければ深いほど、あなた自身の喜びや豊かさ、満足度も高くなるのです。

これこそが、あなたが他者や世間を巻き込んで叶えたい本当の願望であり、龍神が叶えてくれる「大我《たいが》」です。これがわかっているのとそうでないのとでは、龍神のご加護による引き寄せが現実化する速度に相当な開きが出てきます。先ほどの「宝くじで3億円当選したい」といった自分個人の我欲のことを「小我《しょうが》」と言います。これは自分の中で完結する利己的で狭い欲です。そのため、引き寄せようと思っても、潜在意識の中のアストラル意識（集合的な感情意識）が共鳴してくれないため、大変な努力を要する上に時間がかかってしまいます。つまり、龍神のご利益が得られにくいと言えます。

一方で、「大我」の場合は、世間を巻き込む利他的で広がりのある欲です。あなた個人だけでなく、たくさんの人が笑顔や喜びに包まれ、それによって社会も豊かになり、さらにその恩恵によりあなた自身も「小我」の何十倍、何百倍も深い幸福感を得られるでしょう。龍神の現世利益を１００％授かる上では、自分で自分の素直な望みを知り、それが世間や他者を巻き込んであなたが幸福感を得られるような望みを〝祈願〟することを推奨します。なぜなら、龍神のご加護をストレートにいただけるため、叶う可能性が飛躍的に高まる上に、速くて簡単、そして叶った後には確実に幸せになれるからです。これこそが「龍と共に生きる」ことであり、勢いとツキの流れを活かす生き方と言えるのです。

◆自分史チャートの作成方法

実際の事例を使って、自分史チャートの作成手順を見ていきましょう。

【ステップ１】
感情が大きく動いた出来事を、チャートの下にメモとして書き出す。

《例》40代女性のケース

０歳　一般的な普通の家庭に生まれる
３歳　ポットのお湯で足にやけど、覚えていないけど跡が残る
８歳　引っ越しで転校、友達と会えなくてつらい
11歳　絵で賞を取って褒められる
14歳　部活が楽しい、仲の良い友達もできる
16歳　第一志望の高校じゃなくて憂うつ
17歳　初めて彼氏ができて楽しい時
18歳　田舎から都会の大学に行くために勉強→落ちる
20歳　第２志望の大学に入学
23歳　サークルとバイト三昧、看護師になる
24歳　仕事がきつくて辞めたい
26歳　仕事で感謝される、やりがいを感じる
27歳　恋愛結婚する、幸せな時期
28歳　女の子を産む、仕事を休んで育児に
30歳　夫の浮気が発覚、一番苦しかった時期
32歳　実家に帰る、転職して他の病院で勤務
34歳　役職がつく、子供が小学校にあがる、娘の成長が楽しい
35歳　夫と離婚、母子家庭に
37歳　今の夫と出会って付き合う
38歳　父が病気で亡くなる、今の夫と結婚
40歳　娘がちょっと反抗期

【ステップ２】

右記で書き出した出来事について、チャートに入力していきます。縦のメモリは「感情軸（幸福度100％～－100％）」、横のメモリは「時間軸」です。主観でいいので、縦軸と横軸を意識しながら点を打っていきます。

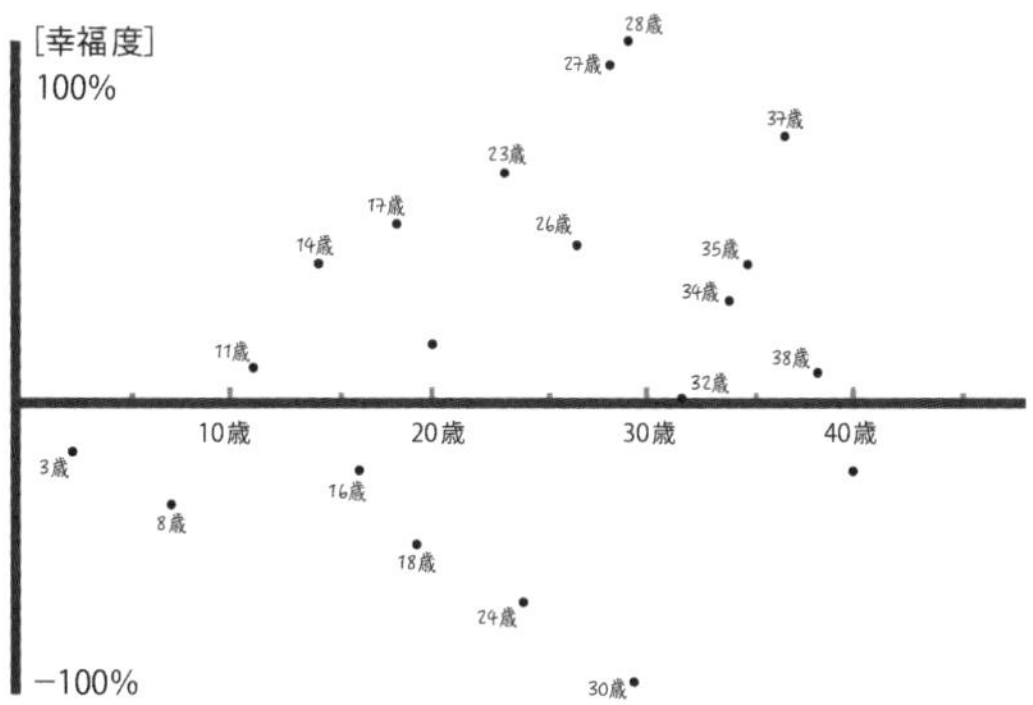

【ステップ３】

上記で打った点を一本のなだらかな線でつなぎます。

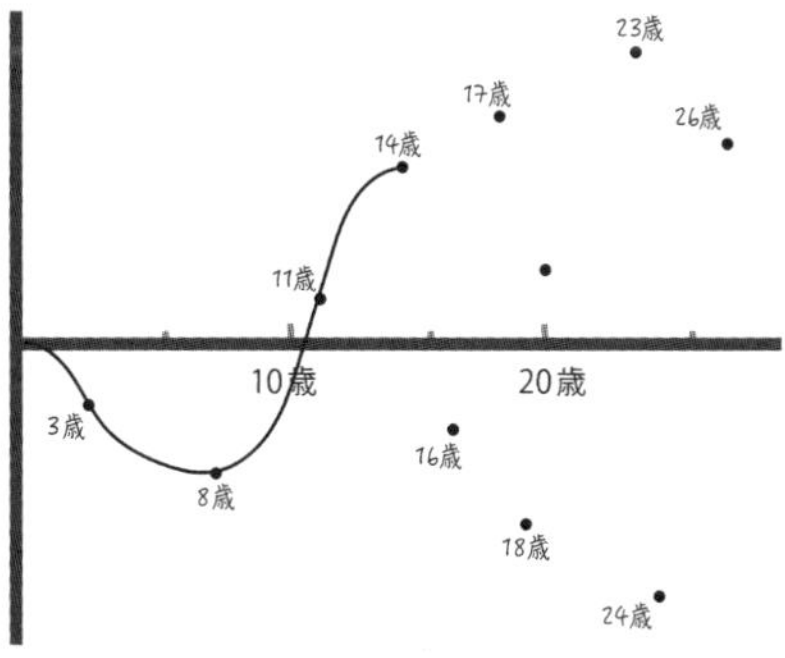

【ステップ4】

次に、以下の5つのポイントについて考えてみます。

●自分の弱みは何か、強みは何か
《例》弱みは根に持つところ、強みはひとつのことを続けられるところ
●自分にとって大切なものは何か。どんなこだわりが強いか
《例》娘が一番大切で好きな道に進ませてあげたい、こだわりは仕事を続けること
●何に喜びを感じ、何に苦しみを感じがちか
《例》喜びは安定した家庭、苦しみは家族の不仲
●時間の経過により自分の価値観や内面はどう変化したか
《例》昔と比べたら、だいぶ穏やかになり包容力がついた
●出来事から〝学び〟は得られたか
《例》貯蓄しておいてよかったのと、人を中身で選ぶようになったこと

【ステップ5】

もう一度チャートを見て、幸福と不幸を仕分けている自分の判断基準は何かを考えてみます。3つだけ書き出してみましょう。

《例》
○子供のためにも父親が必要だ
○認められる仕事をしなければいけない
○娘には不自由させたくない

【ステップ6】
上記のステップ1～5までを書き出せたら、あなたの本質的な願望が見えてきます。
《例》
○まる家族が仲良く安定した暮らしを送ること
○娘との時間をつくること
○将来への貯蓄

【自分史チャート】

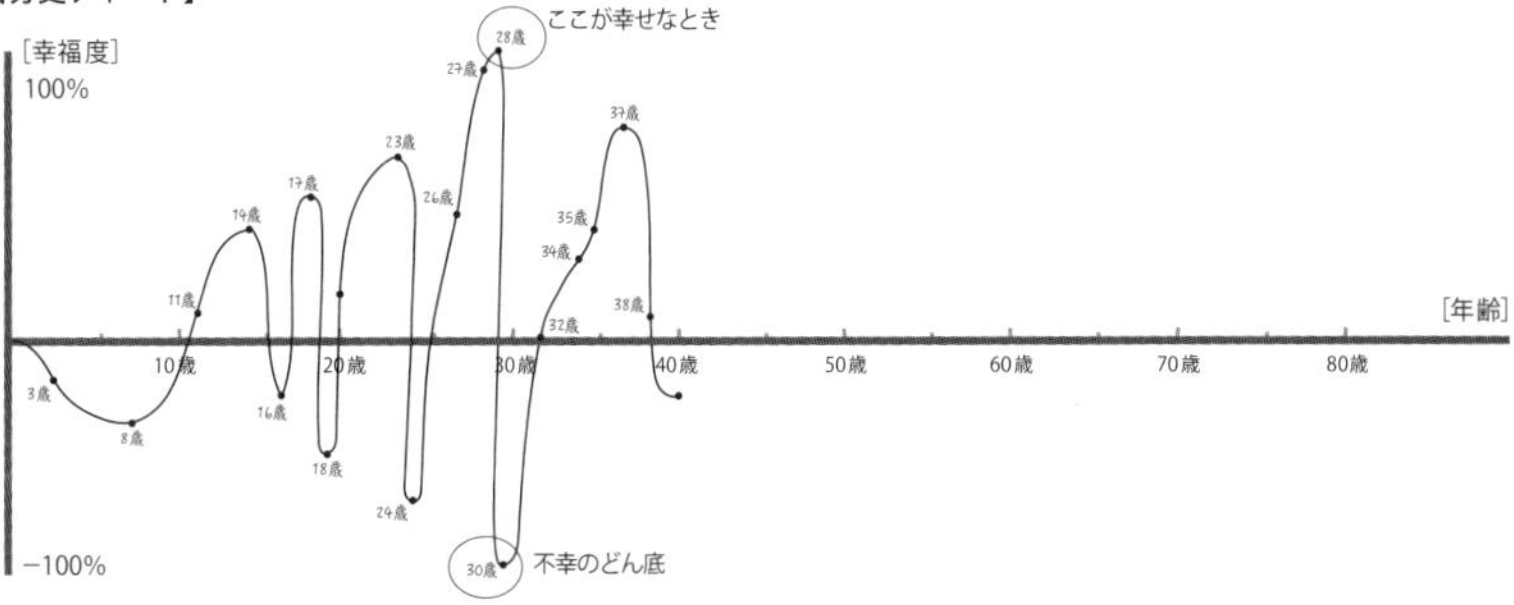

◆メモ
0歳　一般的な普通の家庭に生まれる
3歳　ポットのお湯で足にやけど、覚えていないけど跡が残る
8歳　引っ越しで転校、友達と会えなくてつらい
11歳　絵で賞を取って褒められる
14歳　部活が楽しい、仲の良い友達もできる
16歳　第一志望の高校じゃなくて憂うつ
17歳　初めて彼氏ができて楽しい時
18歳　田舎から都会の大学に行くために勉強→落ちる
20歳　第2志望の大学に入学
23歳　サークルとバイト三昧、看護師になる
24歳　仕事がきつくて辞めたい
26歳　仕事で感謝される、やりがいを感じる
27歳　恋愛結婚する、幸せな時期
28歳　女の子を産む、仕事を休んで育児に
30歳　夫の浮気が発覚、一番苦しかった時期
32歳　実家に帰る、転職して他の病院で勤務
34歳　役職がつく、子供が小学校にあがる、娘の成長が楽しい
35歳　夫と離婚、母子家庭に
37歳　今の夫と出会って付き合う
38歳　父が病気で亡くなる、今の夫と結婚
40歳　娘がちょっと反抗期

龍神様への正しい願い方

では、いよいよ龍神を祀るお寺や神社へ参拝に伺いましょう。基本的な作法は、一般的な神仏を拝むのと同じ流れとなります。

ただ、龍神参拝において特徴的なことは、その「願い方」にあります。大切なポイントは次の7つです。

① 現世利益の意味を知る

龍神信仰は大自然の脅威と恩恵に対する畏敬の念がその根底にあります。本来、神社仏閣での参拝においては自分個人の願いごとという〝現世利益〟ではなく、毎日生きて暮らせることに対し「ありがとうございます」と感謝の言葉を心の中で唱えるための場です。「ありがたい（有難い）」とは〝滅多にない〟が語源で、ただ私たちは生きているだけで奇跡なのです。また、仏教も本来〝現世利益〟とは異なる教えです。苦しみや悲しみの原因は執着。ないものを求めたり、あるものを失うことを嘆くのはお釈迦様の教えから離れてしまいます。ただ、現世利益を望むこと自体は問題ではありません。大切なのは先に感謝の気持ちが来るべきである、ということなのです。

②　願いの限界をわきまえる

願いには限界があります。人の生命や能力に限りがあるように、不可能なことは神仏に願おうと龍神に願おうと叶いません。もしも祈願することで病気が快方に向かったとしても、寿命が延び天寿を全うできるだけでしょう。私たちの行きつく先は結局のところ「死」です。神仏の存在意義は愛をもって人々を救済してくださることですが、忘れてはいけないのは際限ない欲の達成を願うためではありません。「わきまえ」が大切です。

③　等価交換を意識する

何かを手に入れたら何かを失うというのは、この世の万物の理「等価交換の原則」

です。例えば事業がうまくいき経済力が豊かになったとしたら、労力が仕事に割かれ、自分や家族との自由な時間はなくなってしまうかもしれません。つまり、極端な願いは自分自身の首を絞めてしまう恐れがあるということです。願掛けをするのであれば、調和を考えましょう。自分自身の時間、お金、労力のバランス、自分と相手と世間のバランス、そしてそれが達成されたことにより過去、現在、未来はどうなるのかを考えてみます。もしそれで虚しくなるようなら、初めから願わないに尽きます。

④ まず自分のできることを差し出す

ここまで理解した上でお願いをするとしても、忘れてはいけないことがあります。それは「先出しの法則」です。ただ漫然と願いを唱えても、それは何者も聞き入れてはくれません。人間同士でもそうなのですから、龍神や神仏に至ってはなおのことです。まず、望むものに対してあなた自身が何を差し出すことができるかを明確にしなければ、天は動いてくれないのです。これはあたかも呪い（まじない）のようですが、事実であり大宇宙の真理です。まず自分ができることを差し出す、そして享受したいものを伝える。この順番を忘れないでください。

⑤ 全力を尽くすことと志を伝えてから祈願を

そして、あなた自身が叶えたいことや望んでいることを精査したら、その達成に向けて全力を尽くす（それこそ命を懸けるほどの）ことを誓願しましょう。そして、あなたが達成したい〝志〟を申し上げてください。志とは心に決めた目標や正しい方向性、つまり自分も含めて世間が良くなるための信念や心構えのことです。利己的な望みである〝野心〟とは大きく異なります。そうして「天によるお力添えをお願いいたします」と一言添えます。

⑥ ご報告の約束「お礼参り」をする

そして最後に、願いが叶う叶わないにかかわらず、期限を定めて（近場なら1か月後、遠方なら半年後、難しい場所なら1年後など）、必ずご報告の「お礼参り」をすることを約束してください。叶ったならそのお礼を、叶っていなくても前述した1～5にさかのぼって、努力中である旨のご報告をしましょう。ここまで誠意を尽くすことで、初めて天は動いてくださり、龍神も力を貸してくださるようになります。もし叶っていなくても、決して成就を急かさないこと、そしてご報告の約束を反故にしないことが重要です。これは対人間でも同じことですね。

⑦ 大きなご利益とは自分の天命が明確化すること

これらを実践することで、あなたはきっと龍神からの大きなご加護を得られるはずです。そのご利益とは、あなた自身の「天命」がはっきり見えてくるということです。天命とは、読んで字のごとく「天から与えられたあなたへの命令」です。もっとわかりやすく言うと、自分自身の命を誰と何のためにどうやって使うかという〝使命〟、つまり大自然への〝帰依《きえ》〟とも言えます。これが明確になるだけで、超人的な能力を開花させたり、小さなこだわりにとらわれていた人が驚くような大きなことを達成したりするのです。その裏には、信じる心の強さが土台にあるため、まず揺らぐことはないでしょう。この潜在意識の壁を突き破るほどの願掛けこそが龍神のご加護であり、龍神祈願の〝真のご利益〟なのです。

神様への非礼にあたること

私たちにとって水は生きるために必要不可欠であり、この世界のどこかでは水が得られずに命を落とす人もいます。日本は水資源の豊かな国ですが、他の国では綺麗で安全な水を得るために大変な苦労をしていたりもします。しかし、水の恵みが当たり前である私たちの国においては、時に水のありがたみが忘れられてしまうことも少なくありません。龍神は雨を降らせ、愛にあふれた大自然の最高位の神様だということは初めに申し上げた通りですが、私たちはすでに龍神様のご加護を享受しているということを忘れてはいけません。自然への感謝の気持ちを持たないままに、さらにもっともっとと求めつづける人に、龍神は見向きもしないでしょう。さらに言えば、人間が海や川などの水を汚したり、雨の受け皿となる山を荒らしたりすれば、それを許すこともしないでしょう。これこそ自然神が感情的で恐ろしいと評されるところでもあります。

仏教で言えば、最高位に位置する如来や、如来になることを運命づけられている菩薩は、悟りを開いているからこそ私たちに対して無償の愛を与えてくださいますが、神仏の眷属である天部は私たち人間と近い感情をお持ちのため、接し方には細心の注意を払わなければなりません。粗末に扱ったり罰当たりな言動をしたり、礼拝を怠けて信仰をおろそかにしたりすると恐ろしいことになります。急速に運を高めたと見せかけて手を離し、地に叩きつけるといった形で「修正」をされます。宝くじで高額当選をした人が不幸になることが多い、という話がわかりやすいでしょうか。本人の努力でつかんだ運ではないため、それを維持する〝器〟が備わっていなければ大変な経験をすることになります。そのような激しさを持つ天部と言えば、荼枳尼天《だきにてん》や歓喜天(聖天)がその代表かもしれません。一般的に人気の高い神様であり、そのご利益は豊かでありがたいのですが、その反面、見放されると不運続きになるとも言われるのは、人間の感覚に近い、好き嫌いの感情を持っているからでしょう。もちろん、感謝を大切にして礼儀をわきまえれば、問題はなくそのご加護を賜ることができます。

龍神や稲荷神に代表される自然神も、神仏の眷属として大自然を守る精霊です。そのため、本来は人間に利益をもたらすものではなく、大宇宙の意志を受け調整役としての使命を持っています。仏法に帰依しているがために、神仏が人々を守る補佐を務めている、という考え方が正しいかもしれません。その考えに即してみると、すでにいただいているものに感謝をしない人やその恩恵を独占しようとする人、自然を傷つける人には相応の〝返し〟があるとみて間違いないでしょう。大自然に対して畏敬の念を持たなければ大きな厄災となって苦しめられるように、自然神にも敬う気持ちをもって接するべきです。もちろんそれはバチや祟り、呪いと言われる類のものではなく、「因果応報」という表現が当てはまるかもしれません。仏教で言う因果応報とは「全ての行動にはそれに応じた結果が生じる」ことを指します。善い行いは善い結果を、悪い行いは悪い結果をもたらすというシンプルで深い教えです。

悪い因果のタネを撒いた人間に対しては、神仏が怒らずとも、その眷属（天部や自然神）が見過ごしません。必ず応報をもって知らしめるでしょう。くれぐれも龍の逆鱗に触れるような非礼がないよう、正しい〝心〟をもって願を掛けたいものです。そうすればきっと善因善果、善い行いをしていればいずれ善い結果に報いられるはずです。

善い願いと悪い願い

世の中では、善と悪、正しさと誤りなど、物事を両極のものさしで判断されることが多いと言えます。しかし実際には、物事の本質はゼロであり、それ自体に意味はありません。私たちが物事をどのように見るか、どんな意味付けをするかによって、善にも悪にもなる中立のものです。そのため、龍神様に祈願する願望自体はあなた自身が何をどう評価するかにかかっており、本来的に人間の常識での善意は関係ありません。

善悪とは、行動の奥にある〝意図〟が苦しみの元になるかどうかで決まります。〝意図〟とは、自分の素直な望みに意識を向けて「こうしよう」と考え、目指すことを意味します。だからこそあなた自身が「何が幸せか」と感じるのかは極めて個人的なものなのです。これは願いを叶える上で非常に大切な発想です。物事の善悪に他者の目線は関係なく、あなた自身が判断することになります。

自分で感じ、決めたことだからこそ意味があり、心から叶えたい、引き寄せたいと願う。その一連の流れの中には、怒り・恐れ・妬みといったネガティブな感情は入り得ません。その願いの成就のためにお金や地位が必要になってくることはあるかもしれませんが、それは意図ではなく手段です。本質の願いは喜びや満足、愛など必ずポジティブな感情と結び付くもの。そして、叶うことで必ず〝感謝〟が生まれ、龍神はそれを承知しています。

私たち人間だけが持つことができる最も強いプラス（陽）の感情エネルギーは、〝感謝〟。あなたが引き寄せたいと望む願いは、同量の感謝のエネルギーへと転換されるのです。そして逆に、感謝のエネルギーは発することで同等の現象にも転換されるという法則があります。つまり、理想を引き寄せたいなら、まず叶ったことへの感謝を先にする「ありがとうの先出し」が大切になってきます。なお、感謝に対応する最も強いマイナス（陰）の感情は〝怨嗟《えんさ》（嘆くほどの恨みの気持ち）〟です。

龍神が駆け巡る大宇宙というのは非常に精巧な〝陰陽エネルギー〟のバランスから成り立っており、あなたがもし陰＝マイナスのエネルギーを発すれば、そのエネルギーと同量の現実が訪れなければバランスを欠いてしまいます。逆に、陽＝プラスのエネルギーを発した場合も、同じように同量のエネルギーが現実に現れます。これは大宇宙に流れる〝陰陽法則〟であり、変えようのない世の理《ことわり》なのです。

だからこそ龍神様に祈願する際には、必ずあなたが心から感謝できる望みを選び、それがあたかも叶ったかのようなプラス（陽）の感情をイメージして「ありがとう」のエネルギーの先出しをしてください。大宇宙の法則から、必ずそれに合った幸せな「陽の現実」が創られるはずです。

願いを叶える「ドラゴンガイド」

どんなに龍神様に祈願をしても、本当に叶えたい願いや目標が自分の中になければ成就することはありません。私たちは自分がどんな夢を叶えたいのか、どうすべきかについて、実は漠然としたイメージしか持っていないことが多いものです。しかし、願いがはっきりしていないと、せっかく龍神様とのご縁ができたとしても願いが聞き届けられることはありません。だからこそ、あなたの中にある〝祈願の種〟をしっかりと見つけ出す必要があるのです。

そこで、あなたが龍神様に叶えてもらいたい〝願い〟と取り組むべき〝課題〟を明確化する「ドラゴンガイド」を活用してみましょう。

これは、私が今までに龍神様へ祈願をするにあたって、確実に成就させるためのツールとして作成したものです。

ですが、「ドラゴンガイド」は単なる目標達成のツールではありません。その根底には、先述した大宇宙の法則である「陰陽法則」と自然哲学の思想「五行」が一体となった、「陰陽五行思想」があります。

この思想は、紀元前中国の春秋戦国時代に生まれた思考法であり、暦や季節、方位など大自然や人々の暮らしを形づくるあらゆる事象を説明し、そのバイオリズムを解明するものです。この陰陽五行思想を用いて、龍神様へお伝えする願望と差し出すべき課題を設けて「徳」を積み、願いを成就させるという方法、それが「ドラゴンガイド」です。

◆陰陽五行思想〈まとめ〉

・陽＝表面、現象的な部分……やるべきこと、見えている要素、叶えるための手段
・陰＝裏面、本質的な部分……隠された要因、見えない要素、叶わない原因
・徳＝願望……龍神様への祈願、心願、目標

・木＝仁……利他、尊重、博愛、人情
・火＝礼……ルール、方法、プラン、作法
・土＝信……人望、仲間、資金、誠実さ
・金＝義……信念、使命感、社会意義、正義
・水＝智……知識、スキル、時間、合理性

左ページの図のように「五行」のパワーバランスで見ると、太い矢印が示す要素を強める関係にあり、細い矢印が示す要素に対しては弱める関係となります。このバランスを意識しながら課題に取り組むと、どこに力を入れるべきかが見えてきます。

「ドラゴンガイド」がうまく書けない場合は、この陰陽五行思想を参考に考えてみることをお勧めします。一見難しそうに見えるかもしれませんが、まず書き込んでみてください。何度も修正を重ねることで、あなただけの〝龍神祈願の種〟が完成するようにできています。

ポイントは以下の5つ。問題を解決しながら願いを叶えることができるのが、この「ドラゴンガイド」の特徴です。

・課題に対するエネルギーを偏らせ

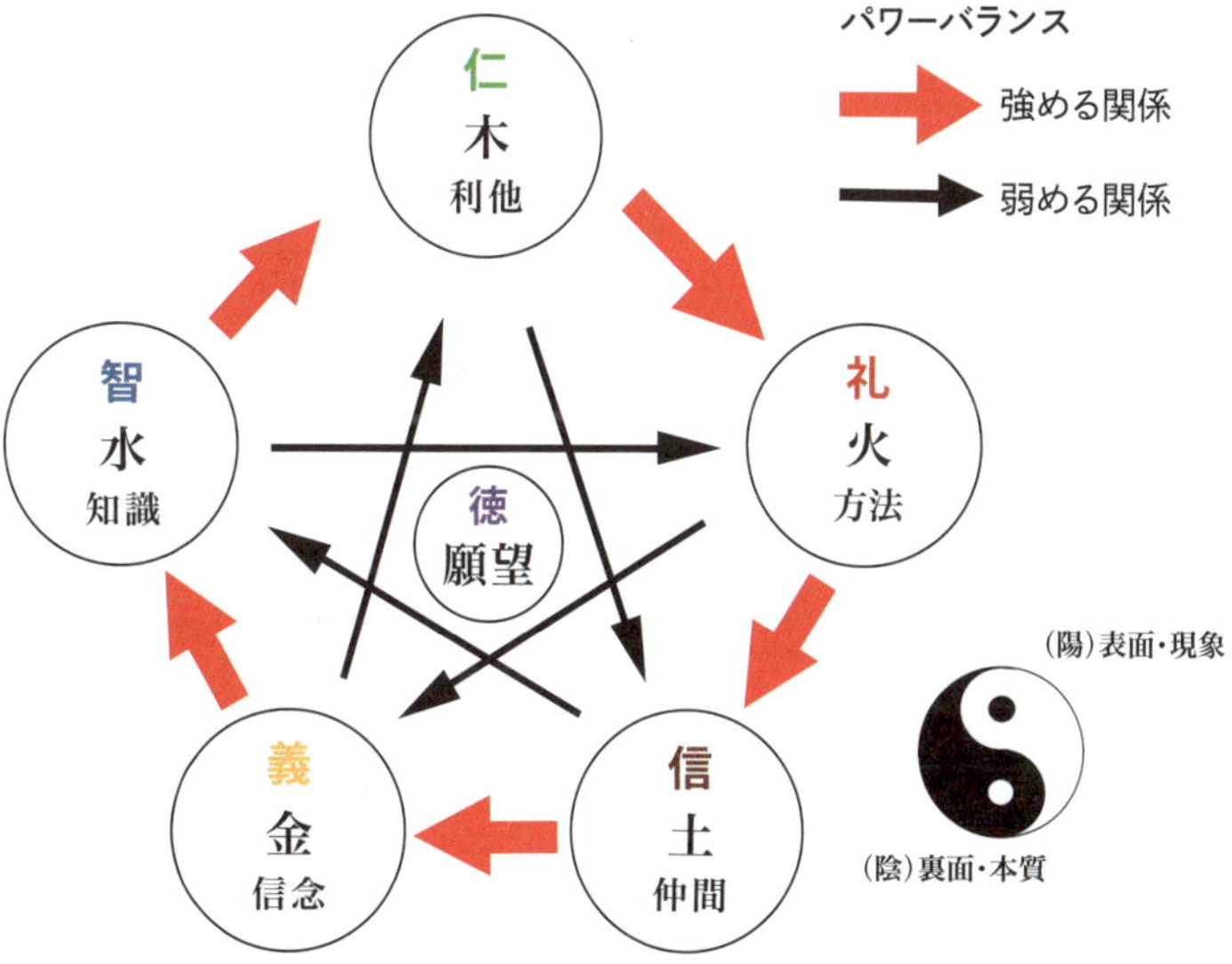

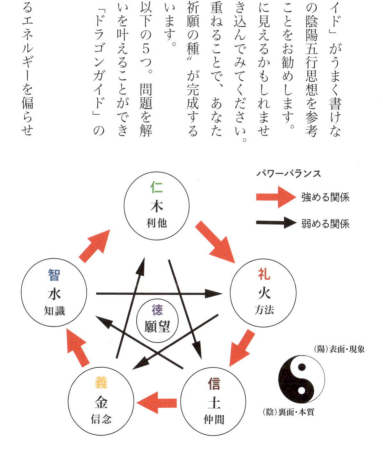

ることなく願望に向かえる。
・目的と手段をしっかり分けて考えることができる。
・最適化することで課題を入れ替え柔軟に方向転換ができる。
・自分の願いの本質（本当は何を求めているのか）を把握できる。
・願望が叶わない理由と叶えるために必要な材料が見えてくる。

◆ドラゴンガイドの記入方法

それでは実際に書き込んでいきましょう。「陽」と「陰」の2つのフォーマットがあります。

○陽の記入方法

・5つの在り方（五常）の中央「徳」に「願望」を記入する。
・「仁」に利他、尊重、博愛、人情に関する課題を記入する。
・「礼」にルール、方法、プラン、作法に関する課題を記入する。
・「信」に人望、仲間、資金、誠実さに関する課題を記入する。

・「義」に信念、使命感、社会意義、正義に関する課題を記入する。
・「智」に知識、スキル、時間、合理性に関する課題を記入する

◯陰の記入方法
・５つの在り方（五常）の中央「徳」に「願望の本質」を記入する。
・陽の「仁」が達成できない原因（他者への配慮を欠いているなど）を記入する。
・陽の「礼」が達成できない原因（現実的なプランではないなど）を記入する。
・陽の「信」が達成できない原因（仲間や資金が不足しているなど）を記入する。
・陽の「義」が達成できない原因（世間から見て有用性が乏しいなど）を記入する。
・陽の「智」が達成できない原因（要求される知識水準が高いなど）を記入する。

ドラゴンガイド：２つのフォーマット

＜陽＞

＜陰＞

ドラゴンガイド：記入例

＜陽＞
→願望

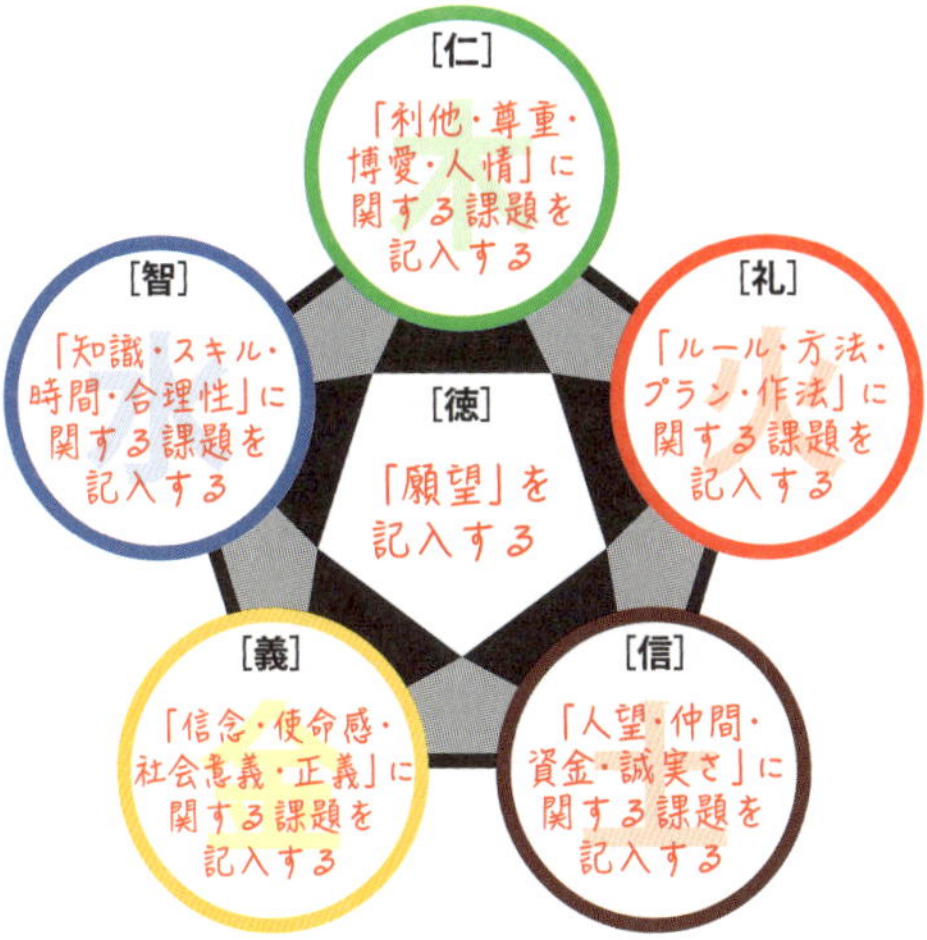

＜陰＞
→叶わない原因

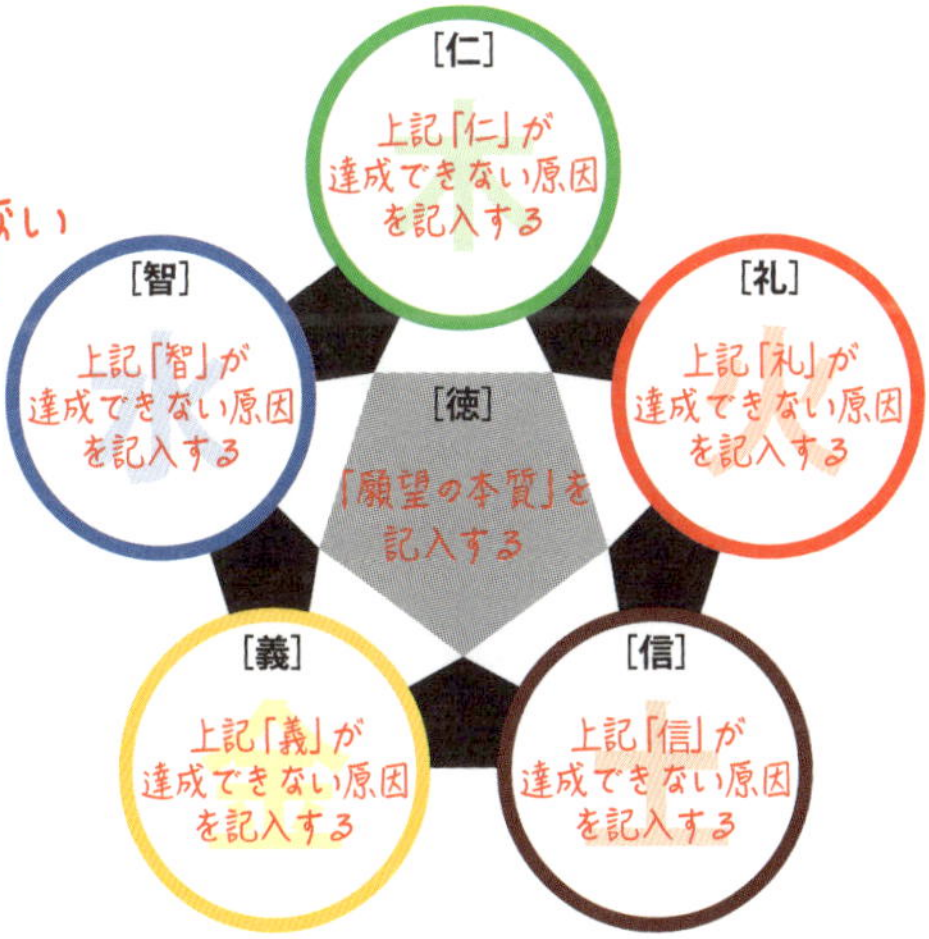

◆目的を最適化する方法

①陽の五行にそれぞれ10点満点でスコアを割り振る。叶いやすい願望は高得点に、叶えることが難しくなるほどスコアを下げて割り振ってください。

例：仁3・礼6・信5・義2・智6など

②最もスコアが高いものと最もスコアが低いものにチェックをつける。

同点の場合は、仁→礼→信→義→智の順に選択する。①の例の場合、「礼」と「智」が同じ6点なので、先に来る「礼」を選ぶ。

＊119ページの五行のパワーバランス図を参照（以下同）

③最もスコアが高い五行を指している細い矢印の起点（①の例の場合は「智」）を確認し、その要素を伸ばしていく。

④最もスコアが低い五行は、一つ前の太い矢印の起点（①の例の場合は「信」）を確認し、その要素を伸ばしていく。

⑤何をすればいいかわからない場合は、陰に記載した「達成できない原因」を掘り下げて、やるべきことを組み立てる。

⑥3ヶ月ごとにスコアを自己採点し、全ての五行がバランス良く5〜8点に収まる

まで最適化を続ける。

◆ドラゴンガイドの実例

Aさんは40代の独身女性で、結婚したいという願望をお持ちでした。お話を伺い、龍神様に願いを叶えてもらうべく「ドラゴンガイド」を用いてアドバイスさせていただいた結果、次のような内容になりました。

○陽の実例

・「徳」↓結婚をして幸せになりたい
・「仁」↓相手も幸せになるような関係性が理想
・「礼」↓結婚後も経済面で相手に依存したくない
・「信」↓信頼できる知人・友人から紹介してもらう
・「義」↓妊娠・出産はしなくてもかまわない
・「智」↓最近の結婚観やパートナーに選ばれやすいタイプをリサーチする

○陰の実例

・「徳」↓これから先の人生が不安で孤独になりたくない
・「仁」↓自分の幸せや安心を求めすぎて自分勝手かもしれない
・「礼」↓結婚してからも仕事を続けたい
・「信」↓婚活サイトやパーティは怖くて少し抵抗がある
・「義」↓自分の両親からのプレッシャーが重荷
・「智」↓ありのままの自分で愛される自信がない

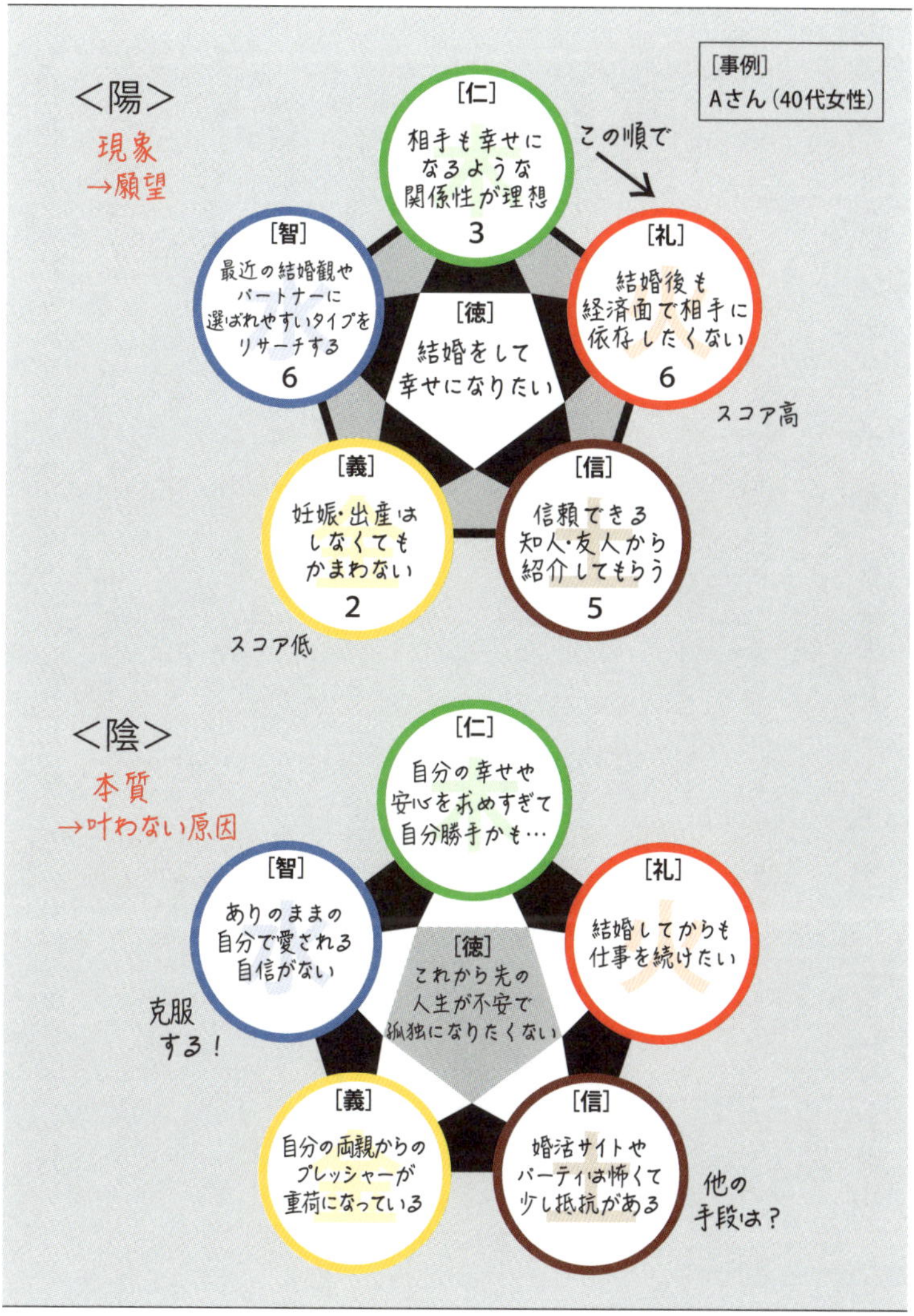
[事例]
Aさん（40代女性）
＜陽＞
現象
→願望
[仁]
相手も幸せに
なるような
関係性が理想
3
この順で
[礼]
結婚後も
経済面で相手に
依存したくない
6
スコア高
[智]
最近の結婚観や
パートナーに
選ばれやすいタイプを
リサーチする
6
[徳]
結婚をして
幸せになりたい
[義]
妊娠・出産は
しなくても
かまわない
2
スコア低
[信]
信頼できる
知人・友人から
紹介してもらう
5
＜陰＞
本質
→叶わない原因
[仁]
自分の幸せや
安心を求めすぎて
自分勝手かも…
[智]
ありのままの
自分で愛される
自信がない
克服
する！
[礼]
結婚してからも
仕事を続けたい
[徳]
これから先の
人生が不安で
孤独になりたくない
[義]
自分の両親からの
プレッシャーが
重荷になっている
[信]
婚活サイトや
パーティは怖くて
少し抵抗がある
他の
手段は？

◆目標を最適化する実例　＊119ページの図を参照

①スコアは、仁3・礼6・信5・義2・智6

②スコアが最も高いのは「礼」の6点、最も低いのは「義」の2点

③スコアが最も高い「礼」を指す細い矢印の起点は「智」であるため、「最近の結婚観やパートナーに選ばれやすいタイプをリサーチする」ことで、「礼」にある「結婚後も経済面で相手に依存したくない」という気持ちを抑えてバランスをとる。

④最もスコアが低い五行は「義」の「妊娠・出産はしなくてもかまわない」という価値観なので、一つ前にある太い矢印の起点となる「信」を確認し、「信頼できる知人・友人から紹介してもらう」で強化する。

⑤何をすればいいかわからない場合は、「陰のガイド」に記入した内容を参考に組み立てる。この場合は「智」と「信」のアクションを実行すればいいので、「智」の「ありのままの自分で愛される自信がない」を克服し、「信」の「婚活サイトやパーティは怖くて少し抵抗がある」に代わる手段を考える。

⑥3ヶ月ごとにやるべきことを最適化して、バランスよくアクションを起こし

ていく。

◆ドラゴンガイドに取り組んだ結果

Aさんは半年後に趣味のサークルで素敵なパートナーと出会い、入籍はせず同居という形でお互いに好きな仕事を続けながら幸せに暮らしていらっしゃいます。

「ドラゴンガイド」で目的と本質、手段とできない理由を明確にすることで、自分の願望と課題をあぶり出しましょう。特に大切なのは「陰」の側面です。願望の本質やできない理由に向き合い探っていく中で、願望を叶えるために行う対処法が明確になります。夢を叶えるためにはその対処法を基準にして行動することが大切です。やるべきことを最適化しつつ、「陽」を取り組む目標にすれば、おのずと龍神様への祈願の内容も具体的になっていきます。

願望成就は、自分が思い描いていた「陽」の願望とは異なる形になる場合もあります。しかしそれはあなたにとって最高の形であり、龍神様が最適解を与えてくれた結果です。実は、「陰」に書き込む本質的な願望やうまくいかない原因にこそ、あなたが思い描く真の願望の答えが隠されています。その答えに向き合い、ありがたく受け止めることで幸せな未来へと導かれるでしょう。

そして、あなたが記入した「ドラゴンガイド」を目につきやすいところや、手帳などに貼りつけておくとさらに効果が倍増します。願望を文章化して視界に入れることで、夢を叶えるためのアクションを無意識に起こすことができるようになり、あなたの心願が成就する可能性もぐんと高まるはずです。まずは、考え込まずに書き込んでみることが重要です。この小さなアクションが、龍神様のお力を借りて願望が成就する大きな一歩なのです。

瞑想で龍神様と繋がる

仏教において、人は「行動（身）・言葉（口）・意識（意）の3つ」がそろった時にはじめて「願望成就を成し遂げて、より良い人生を送ることができる」とされています。これを「身口意《しんくい》の三業」と言い、人間の行為を「行動・言葉・意識」の三種に分類したものです。そして〝業〟とは、立ち居振る舞いという意味です。この身口意の三業を一つにすることを仏教では「三密」とし、心身を浄化して神仏と繋がるに至るのです。そのため、自分の行動・言葉・意識が一致している状態であれば、龍神様にアクセスし、願望を叶えることができるようになります。

おそらくあなたは、これまでにも「引き寄せの法則」という言葉を聞いたことがあるでしょう。この引き寄せについて説明してあるものの多くは、イメージしたことは叶う、思考は現実化すると述べています。ただ、引き寄せの難しいところは〝現在の自分〟の状況と〝理想の自分〟の状況との間にギャップがあるがゆえに、心の底から信じ込むことができないことです。これは、自分が信じられない未来像を無理して思い込もうとすることに問題があり、逆に「やってもムダ」だという苦しみ「皆苦《かいく》」を生み出してしまいます。そこで私は、仏教哲学における〝禅〟を用いた方法で、無理せず龍神様と繋がり、願う現実を引き寄せることをお勧めします。

〝禅〟の歴史は約２５００年前、釈迦がインドのブッダガヤの菩提樹の下で坐禅を組み、悟りを開いたところから始まります。広い意味での禅はここから広まったとも言えますが、一般的な禅の始まりは達磨《だるま》であると考えられています。彼は釈迦から数えて、28代目の弟子にあたります。この達磨が修行の末に会得した禅を携えて中国に入ったのが6世紀頃。経典に頼らず、坐禅という実体験から悟りに辿り着こう（不立文字）とする、現在の禅のあり方が完成したのが実際的な始まりです。今では英語圏などでもローマ字で「ZEN」として知られています。

そもそもの禅とは、坐禅修行をする禅宗を指す言葉で、精神を統一して真理を追究するという意味のサンスクリット語を音訳した「禅那《ぜんな》」の略です。禅は、雀の啼き声を耳にしても障りなく、花の香りの中にあっても妨げにならず、一如（あらゆるものと一体）となれる自由自在な心のこと。その極意が「三密」にあるのです。

三密（身口意の三業の一致」をまとめると、以下のようになります。

身密《しんみつ》……自分自身を律して、生活環境を清浄に保ち「儀式」を行うこと。
口密《くみつ》……言葉の力（言霊）を認識し、神秘の言葉「真言」を唱えること。

意密《いみつ》……意識を集中させるために必要な「呼吸・瞑想法」を用いること。

この3つを習慣化することで龍神様はあなたの波動を正確にキャッチし、あなたが現実化したいことを実体として現世に映し出してくれるのです。中でも重要なのは〝意密〟で、集中させるべきはあなたが何を欲しているか、ではありません。欲したものを手に入れて嬉しい感情や幸せな気分になっている自分と、一緒に喜んでいる周囲の人や豊かな社会をイメージすること。これこそが、あなたの望む現実を創造し、引き寄せることができる「龍神祈願」の極意だと言えます。それでは重要な順に「意密」「口密」「身密」と、その方法を見ていきましょう。

ここから意密である「龍神瞑想」の方法をご説明いたします。もしかしたら「瞑想」と聞くと宗教色が強いと感じるかもしれません。しかし瞑想は昨今、能力開発のためのトレーニング、スポーツ選手の心の整え方など、心身の健康を整える簡単な習慣として脳への影響が見直されつつあります。近年解明された心身への影響を脳科学的に見てみると、〝運を拓く〟という感性の養い方に共通する部分が多いと感じます。

まだまだ証明されていない部分も多くありますが、瞑想が私たちに好影響をもたらすことは明らかです。

では具体的に、〝瞑想〟により精神世界に没入し、龍神にアクセスする方法についてお伝えしていきましょう。ポイントは呼吸の仕方と身体部位への意識の向け方にあります。

◆龍神瞑想における呼吸法のやり方

①背すじを伸ばして姿勢良く座り、目を閉じてリラックスする。あぐらをかいても椅子に腰かけてもかまいません。

②肩甲骨を意識して胸を張る。

③右手のひらの上に左手の甲を乗せる。両手の親指を合わせて楕円形を作り、脚の上など楽な位置に下げて一度深呼吸する（写真参照）。

④お尻の穴を締め、肩の力を抜いて口から全ての息を吐き出す。吐ききったら5秒止める。この際に、身体の邪気を全て吐き出すイメージで行うのがコツ（お尻の

穴をギュッと締めることは仙骨神経叢《せんこつしんけいそう》を安定させるために行います）。

⑤ 丹田（へそ下5センチのツボ）に意識を集中させる。そこからみぞおち～胸～のど～眉間～頭頂の一直線にかけて、龍神が大地から自分の身体を通って天に昇ってゆくイメージで、「各身体部位に光を灯す」ように鼻から息を吸い込む。ポイントはお腹を膨らませながら吸うこと。吸いきったら5秒止める。そこで龍神があなたの中に入り込み、自分自身が光を発しているイメージをする（ここが一番重要）。

⑥ 再度、口から息を吐いて、④へ戻る。④～⑥を5回繰り返す。

⑦ その後、口密である〝龍神真言〟

を3回唱えてください（※なるべく暗記します）。

「オン　メイギャ　シャニエイ　ソワカ」

◆**呼吸のポイント**

・部屋は暗めにし、リラックスできるように自然音やヒーリングミュージックを流すのもいいでしょう。

・呼吸法は慣れるまで少し難しいので、腹式呼吸を意識しましょう。

・肺いっぱいに深呼吸をして、気のエネルギーを取り込みましょう。

・1日のうち10分間だけでも自分の中の静けさに浸り、魂のバランスを整えます。

・息を吐く時、吸う時のイメージが大切。特に吸う際は、丹田〜頭頂にかけて光を順次、灯していく感覚で行いましょう。

・龍神があなたの中に入り込み、自分が光を放つイメージがとても重要。事前に龍神の画像などを眺めておくとイメージしやすくなります。

最後に、138ページに掲載しました〝龍神祝詞《のりと》〟を、見ながらでもいいので1回唱和します。この「龍神祝詞」は、龍神様からご縁とご利益をいただく上で大切な〝祝いことば〟です。力強い呪力が宿っているとされ、多くの龍神を祀る神社で古くから唱えられてきた歴史があります。この龍神祝詞を唱えることで、天と地と人のありがたいご加護を得られるでしょう。

読者限定特典として、聴くだけでいい龍神祝詞の音声データをダウンロードしていただけます。詳しくは２３８ページをご覧ください。

「高天原に坐し坐して（たかあまはらにましまして）
天と地に御働きを現し給う龍王は（てんとちに　みはたらきをあらわしたまう　りゅうおうは）
大宇宙根元の（だいうちゅうこんげんの）
御祖の御使いにして（みおやの　みつかいにして）
一切を産み一切を育て（いっさいをうみ　いっさいをそだて）
萬物を御支配あらせ給う（よろずのものをごしはいあらせたまう）
王神なれば（おうじんなれば）
一二三四五六七八九十の（ひふみよいむなやことの）
十種の御寶を（とくさの　みたからを）
己がすがたと変じ給いて（おのがすがたと　へんじたまいて）
自在自由に（じざいじゆうに）
天界地界人界を治め給う（てんかいちかいじんかいを　おさめたまう）
龍王神なるを（りゅうおうじんなるを）
尊み敬いて（とうとみうやまいて）
眞の六根一筋に（まことのむね　ひとすじに）

御仕え申すことの由を（みつかえもうすことのよしを）
受け引き給いて（うけひきたまいて）
愚かなる心の数々を（おろかなるこころのかずかずを）
戒め給いて（いましめたまいて）
一切衆生の罪穢れの衣を（いっさいしゅじょうの　つみけがれのころもを）
脱ぎさらしめ給いて（ぬぎさらしめたまいて）
萬物の病災をも（よろずのものの　やまいわざわいをも）
立所に祓い清め給い（たちどころにはらい　きよめたまい）
萬世界も御祖のもとに治めせしめ給へと（よろずせかいも　みおやのもとに　おさめせしめたまへと）
祈願奉ることの由をきこしめして（こいねがいたてまつることのよしを　きこしめして）
六根の内に念じ申す（むねのうちに　ねんじもおす）
大願を成就なさしめ給へと（だいがんを　じょうじゅなさしめたまへと）
恐み恐みも白す（かしこみかしこみもうす）」

※出典『神道大祓全集　龍神祝詞』

これが「龍神瞑想」の一連の流れです。だいたい15分ほどで終わります。起床時、もしくは太陽が出ている時間帯に行うのがお勧めです。毎日続けるうちにあなたの魂が磨かれていき、幸運をつかめる〝強運体質〟へと生まれ変わることができるはずです。私は僧侶という立場ではありますが、龍神を祀る上で自然信仰を大切にしたいと考えています。そのため心身ともに穢れを払い、水を清める儀礼として神道の祝詞を取り入れています。

龍＝自然の力を借りてさらなるご加護を

龍神はおいそれとアクセスすることはできない高尚な存在ではありますが、水神でもあるがゆえに、私たちの暮らしには密接に関係しています。水を大切にする生き方は、地球環境にも優しい生き方であり、そんな暮らしを志向していれば自ずと視点も変化していきます。日常生活だけでなくここ一番の場面でも、俯瞰《ふかん》することで最良の選択ができるようになるはずです。龍神信仰は大自然に敬意を払うと同時に、自分自身の修行でもあるのです。そのためには大自然を大切にするだけでなく、大いなる自然の力を自分に取り込むことを意識する必要があります。そこで身密としての行動である、龍神のエネルギーを取り入れる空間づくりとスケジューリングに関してお話ししましょう。

まず〝空間〟に関して意識すべきは、〝ランドマーク（天から見た地点）の気〟を整えることです。整理整頓は、環境学である風水の基本中の基本。風水は大きく二つの思想に分けられています。それは、土地の起伏や水の流れを読む「巒頭《らんとう》」という思想と、天と地の間を流れる〝気〟を読む、「理気《りき》」という思想です。日本でも人気の龍脈《りゅうみゃく》や龍穴《りゅうけつ》と呼ばれるものは、前者「巒頭」の思想に通じ、現在の日本で風水と呼ばれているものは〝気〟を読む後者「理気」の思想にあたります。

風水は、飛鳥・奈良時代に日本に渡ってきました。そして日本の陰陽道の発展に影響を与え、日本独自の発展を遂げてきた結果、今の日本の風水の形になったとされています。例えば平安京や江戸城などは風水に基づいて設計、建設されたと言われています。住みやすさに関する知識だけでなく合理的に運を高める技術として、古代中国の風水が現代日本の風水思想に繋がっているのです。そのため、風水的な観点からも整理整頓は重要な要素です。

また、それと同じくらい大切なのが、「換気」。シンプルですが家の窓を開け放ち、自然の風を取り入れることでよどんだ陰気を流し、空間エネルギーを循環させることができます。そして、換気の後はお香を焚くことも大切なポイントになります。昔からお香は神事と密接であり、供養だけではなく祈願や勤行の際にも用いられる神聖なものでした。今ではアロマや芳香剤などさまざまなものがありますが、お香には空間を浄化して神聖なものにする力があるのが特徴です。なお、浄化には白檀《びゃくだん》の香りがお勧めです。

次に〝時間〟に関して意識すべきは、「タイミング」です。タイミングとは、朝7時〜9時の「辰の刻」に天（太陽）の陽気と地（龍脈）の活気を取り込みます。古来、日本や中国では「十二《じゅうに》時辰《じしん》」という、1日をおよそ2時間ずつに分ける時法が用いられていました。そして、朝7時から9時までの2時間は「辰《たつ》の刻」にあたります。この時間帯は、夜の陰の気から朝の陽の気へとエネルギーが切り替わるタイミングであり、良い運気を運ぶ龍脈（地中を流れる気のルート）が活発に動いています。この活気を取り入れることで開運に繋がると考えられています。

　方法は、この時間帯に先ほどお伝えした「換気」をして、気を取り入れる器を目覚めさせるために朝陽を浴びるだけ。この時間だけは「龍と共に生きる」というライフスタイルと、そこに意識を向けることが何よりも大切です。その際に、先述した龍神瞑想をすると、さらに効果的です。ストレッチや散歩など、軽く身体を動かすのもいいでしょう。最もお勧めするのは、自宅でできる「水行」。滝に打たれたり、川や海に入ることも水行ですが、あら塩で身を清めてシャワーなど冷水を浴びるだけでも十分です。朝に冷水を浴びることで、陰陽関係に対応する身体部位である腎経が刺激され、先天的に持つ元気（生命エネルギー）が高まります。ただ、慣れるまではつらいと感じる方も多いと思うので、湯船に一つまみのお塩を入れて入浴し、上がる際に軽く冷水を浴びるのでもかまいません。

　一日のほんの少しの時間を、これら大自然のエネルギーを取り入れる「龍神習慣」に充てるだけで、毎日のパフォーマンスが大きく変わっていくことでしょう。

自分だけの「龍神と繋がる神棚」をつくる

時間と空間を整えたら、次は自宅に〝パワースポット〟をつくることをお勧めします。パワースポットと言っても何も特別なものではなく、あなた自身が集中できる場所や、習慣として祈願するうえで自分にとっての〝定位置〟を決めるという意味です。なぜそれが必要なのかというと、効果が段違いに高まるためです。龍神祈願を日々の生活の中でルーティン化するには、「ランドマークづくり」と「習慣」が大切になってきます。

まずは「ランドマークづくり」からお話ししましょう。習慣は継続によってつくられていきますが、それが長続きしない大きな理由は「これから自分は龍神様と繋がる！」という自分自身への〝事前のアナウンス〟がない状態で突然やろうとするからです。私はそのアナウンスを〝儀式〟と呼んでいますが、これがないと「もう少し後でいいや」と先送りにしてしまったり、「今日は忙しいからお休みしよう」とやらない理由をつくってしまったりするのです。

ここで、ルーティンに関する3つの要素と流れについて説明しておきます。その3つの要素とは「理解→儀式→実践」です。まずは「理解」ですが、これは、情報を知識として理解することです。「これを続けることでこんなにうれしいベネフィット（メリット）がある」とわからなければ、人はモチベーションが湧いてきません。「やればこんなにプラスなことがある！」という情報を自分の中でかみ砕いて、しっかり理解しておくようにしましょう。

次に、「儀式」です。これが冒頭で述べた、自分に対する〝事前のアナウンス〟になります。これから龍神様とアクセスする、祈願をして願望を引き寄せると決めたその決意を、行動する〝場所〟と〝時間〟に紐づけてほしいのです。例えば、神棚がある家ならその前で、自分の部屋があればその部屋で、自分にとっての心地よいポイントを決めて、毎回必ずその場所で取り組んでください。時間も決まった時間帯（可能なら先述した辰の刻である7時〜9時）を意識してください。

儀式の質を高めれば高めるほど、あなたは確実にやりたいこと、やるべきことをルーティン化していけるようになります。そこで大切になってくるのが「心地よさ」と

「自分だけの贅沢な世界」、そして「物足りなさ」です。時間は短すぎも長すぎもせず、多少の時間の幅を持たせたとしても、決めた時間に行うことを目指してください。そうして、その時間を自分を幸せな状態に整える「セルフハピネスタイム」にするのです。そうすれば、一日の中でも龍神祈願の時間が待ち遠しくなるでしょう。

そしていざ祈願の時、まず自分にとって不快なものや面倒なことはキッパリと断ってください。とにかくあなたにとって心地よい状態であることが何よりも大切です。そして、スマホは電源を切るか別の部屋に置きましょう。家族がいる場合は、声をかけられない時間がいいでしょう。誰からも邪魔されない、自分と龍神様だけの世界に没頭できるようにしてください。最後に、完璧に納得いくまで時間をかけてやろうとせず、少し物足りないかな、もっとやりたいな、というところで止めてください。そうすることで、毎日その時間が楽しみになってきます。龍神祈願はとにかくワクワクした気持ちで行うことが大事なのです。

それができるようになれば、自ずと習慣になっていきます。繰り返しこの手順を踏むことで、気持ち良く毎日ルーティンとして継続できるはずです。一つの行動は他の小さな習慣と紐づければ大きな時間のかたまりの単位となり、その単位で生活をデザインできるようになるからです。

そこでお勧めするのが、自宅の部屋に「神棚」を飾る、つまり聖域（パワースポット）をつくることなのです。神棚と言っても、高価なものや仰々しいものを設置する必要はありません。自分の意識を集中させる対象をつくって、その前では気持ちを整えて集中できるようにするだけです。まずは棚板を設置して龍神にまつわるものを飾ることから始めてみてください。棚板には清潔な布または半紙を敷き、〝必ず〟自分の目線よりも高い位置に設けてください。斜め45度くらいに顔を上げなければ見えないような、頭頂部の少し上が理想的。敬う気持ちが大切なので、見上げるくらいの位置が望ましいのです。

方角は南向きか東向きがいいですが、家のつくりによって難しい場合は気にしなくて結構です。ただし、その聖域の付近はごちゃごちゃとモノを置かず、清潔に保つようにしましょう。スペースに余裕があれば、お水と盛り塩（お塩はあら塩を使ってください）を置きましょう。お水は毎日儀式前にお供えし、盛り塩は月初めに交換すれば大丈夫です。お米とお酒も祀るのが本来のやり方ですが、大切なことは自分の中での〝儀式〟です。習慣化した後に必要だと感じたらやる、というくらいの気持ちで十分です。

　そして、祈る前には手を洗いましょう。その後に身を正して「二礼　二拝（二拍手）一礼」をして龍神様への宣言をつぶやき、続けて龍神瞑想をするというのが願いを届ける方法です。習慣として儀式を繰り返していくうちに、自分なりのスタイルが見えてくるでしょう。

「祈り」はとてもポジティブな影響をもたらす効果があり、祈る場所が少しずつパワースポットに変化していきます。古来、人々の心地よい気持ちが集まる場所は、「イヤシロチ（聖なる場所）」になるとされてきました。そして、長い年月をかけて祈りの効果を確かめるために数多くの実験が繰り返され、祈りはその対象だけでなく、祈る当人も幸せにするという結果が数多く報告されています。神社仏閣へお参りすると清らかで心地よい気分になる理由が、ここにあります。

　もちろん神社やお寺へ足を運び、龍神に祈願するのも素晴らしいことです。しかし自分の家の中にそのような聖域があれば、願望成就を引き寄せる効果はさらに倍増するでしょう。儀式の場は、日々積み重ねられる祈りによってその空間が清められ、ポジティブなエネルギーが宿るようになります。そのため、ルーティンをやる場所は毎日決まった空間と時間にするのが効果的なのです。自分だけの聖域で龍神祈願と龍神瞑想を行うことで、願望は清められた場の力を得てどんどん現実化していくはずです。龍神様を祀る場所へ頻繁に足を運ぶことができなくても、この方法ならきっとご加護を得ることができるでしょう。

龍と向き合い生命に感謝する

ここで一つ申し上げておかなければいけないことがあります。〝龍神祈願〟とは、龍神様に「してもらう」という受け身の開運法ではないということです。これまで述べてきた通り、龍はそもそも概念的な存在であり、実際に動いてくださるわけではありません。龍神は大自然の精霊であり「神」です。当然、人間一人の力でどうこうできるようなものではないのです。願いが叶い龍神の力を体感できたとしても、大きな力を手に入れたと思い込んで慢心すれば、手痛い思いをすることでしょう。

そして、巷にあふれる龍をモチーフにした物品についても、申し上げておきたいことがあります。開運アイテムとは、よく「身につけるだけで運気がアップできる」とうたわれていますが、その土地から湧き出る水や特定の場所で清められた品であれば、その土地のエネルギーを包含しているという意味で理解できるのですが、単に龍の姿かたちを模しただけの置き物や掛け軸、数珠などには霊的な効果は期待できないでしょう。心理的な暗示を信じることによる〝プラシーボ効果〟を期待するのでしたら、人によっては価値があるかもしれません。しかし、素材や価格に関係なく、神のご加護が直接モノにこもるということは考えられません。ただ、仏教や神道において龍神を祀る上で形造《かたちづく》り、像や絵画などとして表現することは、そこに対する信仰心を深める、つまり想いを集めて束ねるという意味で価値あることだと思います。毎日のルーティンで龍神を想い、自分の心をつくり整えるための対象として用いるためのいわゆる〝ご神体〟は、開運する神社仏閣でいただくお守りくらいに留めておくのがよいでしょう。

真に大切なことは、龍神を偶像として崇拝するのではなく、向き合う際に「使命感」を持つということ。自分が果たすべき人生の任務である〝使命〟は、見つけようと思ってもなかなか簡単に見つけられるものではありません。そんな時に道しるべとなってくれるものは何でしょう。それは〝自然への感謝〟にヒントがあるように思います。この世は人のみならず、あらゆる生命の「お陰様」の助け合いで成り立っています。そう考えると、大自然（龍神）に生かされていると意識し感謝することで、心身がうち震えるような感動が湧きあがり〝使命のあり処〟を示してくれるはずです。

それでも「これが使命」と腑に落ちるようなものにピタリと出会えることはめったにありません。

そんな時は〝死〟について思いを巡らせることで、見えてくるものがあるかもしれません。まずは次の3つの境地から考えてみましょう。

○人は必ず死んでしまうということ（生者必滅）

終わりを見つめるからこそ今ここに生きる自分が輝く。

○人生は一度きりであること（一命一生）

たった一回きりの人生で何を遺すかを思う。

○命はいつ終わるかわからないこと（生死不定）
残された「生の時間」に詰め込むべきものを自問自答する。

日々当たり前のように感じていることは、実はとてもありがたいことだと実感すれば、龍神と向き合う際に見えてくる価値観が自ずと変わるはずです。

龍神護符の書き方

護符とは、神仏の加護を形にすることにより、さまざまな厄災から身を守ることができる符《ふ》のことです。ここでは、紙に梵字《ぼんじ》を書いたもので、身につけたり家に掲示しておく札のことを指します。もちろん護符により、龍神のご利益を得ることも可能ですが、そのためには手順があります。

その前にまず梵字についてご説明します。梵字は古代インドで誕生し、仏教と共にアジアに広まった「神仏を現す真実の一文字」です。中国を経て日本に伝わり、空海によって体系化されました。現在では、インドや中国での梵字は廃れてしまい、主に日本において使われています。

今回ご紹介するのは、生まれ年の干支に対応する梵字と読み方と守護本尊の組み合わせです。

●子年は「キリーク」
千手観音菩薩が守護神
千の目と千の手で人々を救い、あらゆる苦しみを取り除いてくれます。

●丑・寅年は「タラーク」
虚空蔵菩薩が守護神
広大無辺な場所（宇宙）から、無限

＜干支の守護梵字＞

子年	丑・寅年	卯年	辰・巳年

キリーク	タラーク	マン	アン
(守)千手観音菩薩	(守)虚空蔵菩薩	(守)文殊菩薩	(守)普賢菩薩
午年	未・申年	酉年	戌・亥年

サク	バン	カーン	キリーク
(守)勢至菩薩	(守)大日如来	(守)不動明王	(守)阿弥陀如来

＊巻末（236ページ）にも梵字の一覧を付録として掲載しています。
描く際のお手本にしたり、コピーするなどしてご活用ください。

の知恵を引き出し人々を救う仏様です。

●卯年は「マン」
文殊菩薩が守護神
最も賢いとされる仏様で、智慧を授けてくれます。

●辰・巳年は「アン」
普賢菩薩が守護神
世界中の人たちを苦しみから救うといわれる、慈愛の仏様です。

●午年は「サク」
勢至菩薩が守護神
「偉大な力を得たもの」という意味の仏様で、迷いを照らし人々を導いてくれます。

●未・申年は「バン」

大日如来が守護神
あらゆる心願の成就を助ける仏様で、救済を与えてくれます。

●酉年は「カーン」
不動明王が守護神
不屈の力を与え、心願成就や商売繁盛をもたらしてくれます。

●戌・亥年は「キリーク」
阿弥陀如来が守護神
その名前を呼べば、必ず極楽浄土に往生させてくれる仏様です。

梵字を書くにあたり、私は天の龍神と地の龍王の力をいただくために、龍神（ナー）と龍王（メー）の梵字の間に、自分の干支の守護梵字を書くことを推奨しています。

<守護梵字の書き方>

◆基本形　　　　　　　　　◆干支が「寅」の場合

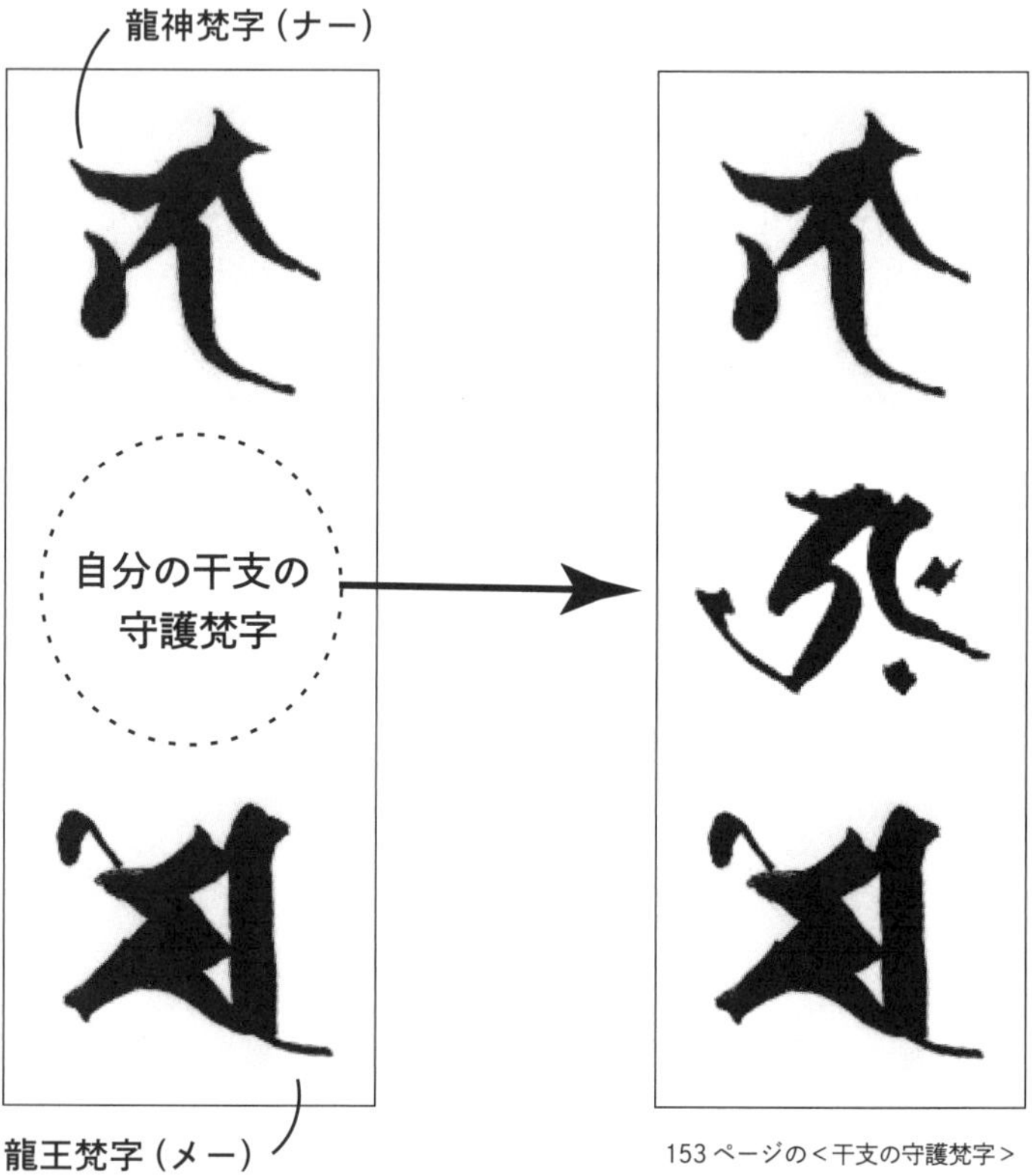

153ページの<干支の守護梵字>を参照し、寅の「タラーク」を書く（またはコピーして貼る）

右ページのようになります。これを掲示したり、お守りとして身につけておけば、きっとあなたの悩みや苦しみを払い去り、願望を引き寄せてくれるでしょう。

○家に掲示する場合

具体的な書き方は、あら塩で清めた半紙（サッと振りかけるだけで構いません）を横にして三等分になるように折り目をつけます。そして、その真ん中に三文字の梵字を均等に配置し、片観音折り（巻き三つ折り）にして、三文字が正面に据えるようにしましょう。そして、上下のバランスを折り曲げて整え、ラミネートをかけ家の中で一番神聖なところ（神棚など）へ掲げてください。

<家に掲示する場合>

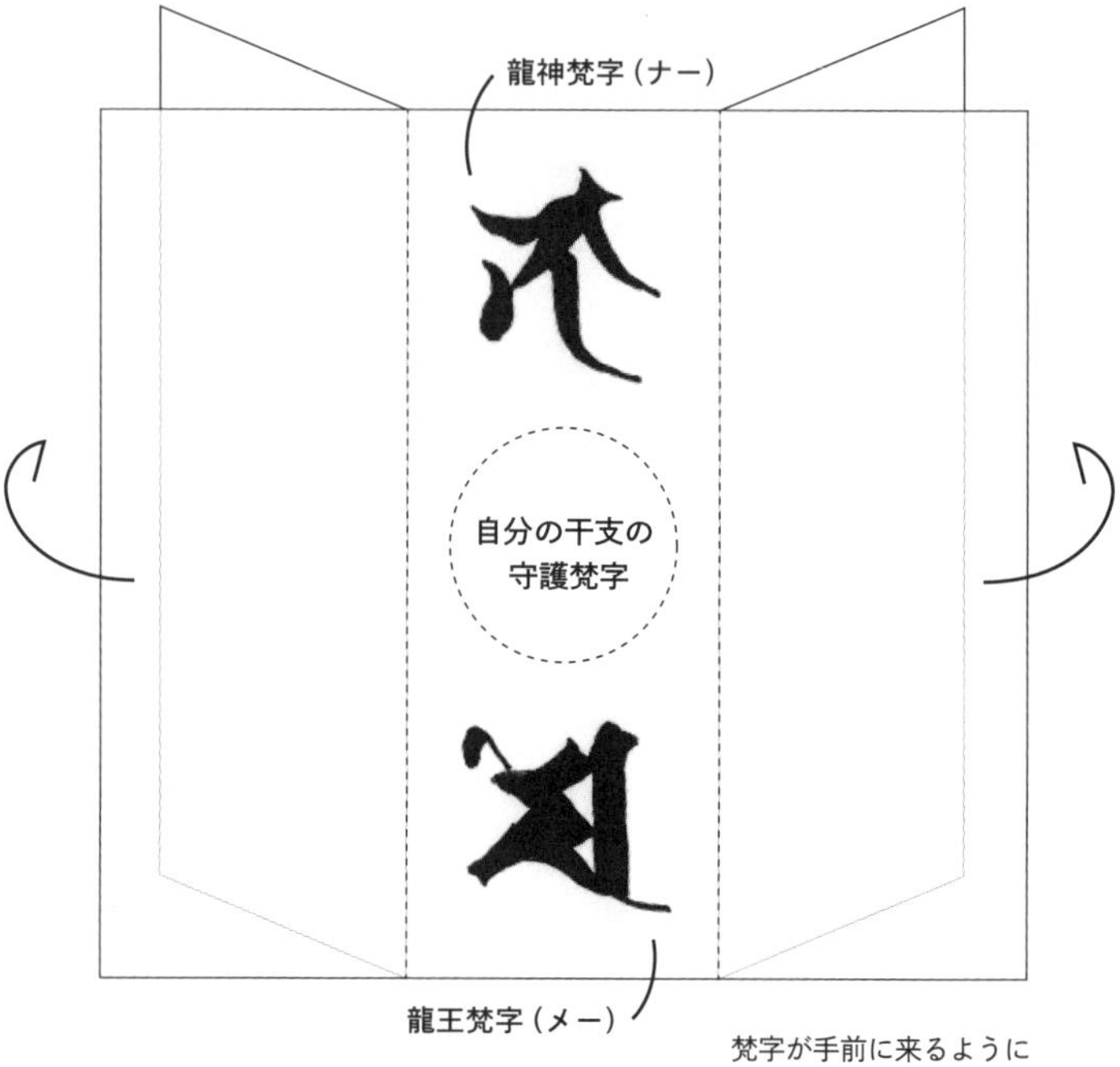

◯お守りにする場合

まず、護符を中に入れるお守り袋を決めます。持ち歩くお守り袋に入る大きさに切った半紙を、先述の通り三等分に折り、同じ手順で中心が逆観音開きになるように三文字を正面に据えるようにします。そして、丈夫な厚紙を左右からそれぞれ内側に折り畳み、後ろを糊で止める。それをお守り袋の中に入れて持ち歩くようにしましょう。

この時、いずれの用途でも龍神真言「オン　メイギャ　シャニエイ　ソワカ」を三度唱えて、「エイ！」と念を込めます。これで完成です。

千日回峰行に学ぶ心願成就のための「習慣の力」

日本には〝修験道〟という山岳信仰があります。これは独特の儀礼を行い、霊験を感じ体得しようとする宗教の一つで、日本古来の「自然信仰（アニミズム）」に仏教と古神道が融合したものです。山に籠って厳しい修行を行い、大自然や神仏からの力を得て悟りを開き、人々を救済するという教えです。そんな修験道の中に、日本で最も過酷な修行の一つ「千日回峰行《せんにちかいほうぎょう》」があります。これは平安時代に天台宗の僧侶、相応和尚《そうおうかしょう》が始めたもので、まず「百日回峰行」を終えた後、さらに選ばれた者だけに許されたと言われています。

千日回峰行は、その名の通り通算1000日をかけて行います。約7年間にもわたる非常に厳しい修行で、途中で続けられなくなったら自害するという決意で行われるため、首をくくるための紐と切腹用の短剣、葬儀代と三途の川の渡り賃6銭を携行して開始されます。霊場を礼拝するため寝ずに歩くことも多く、700日を経過したところで本堂に入り、9日間「断食・断水・不眠・不臥（横にならない）の行」を行います。最終的に1000日間で歩く距離は4万キロメートルにも及び、地球一周に匹敵する距離になるそうです。まさに命を懸けた苦行です。

この苦行に挑戦した修験者のほとんどが、はじめはさまざまな心の葛藤を抱えたり、世俗への未練、身体の不調や身の危険を体験したりするそうです。しかし続けていく中で、五感が冴えわたり、自然に対する敬意や感謝、生きていることへのありがたさを実感し、人生観・世界観が変わると言われています。修行を通して人間という生き物の〝原点〟に立ち返り、ただ独り山の中で自分を眺める。そこから、自分に与えられた環境の中で、全ての存在と真摯な姿勢で向き合い、慈しみをもって接する心が創られ悟りに到達する。ここに意義があるのでしょう。

この千日回峰行を成就すると「阿闍梨《あじゃり》」と呼ばれるようになりますが、これまでに成し遂げた人は大変少なく、１３００年の歴史の中で51人（２０２４年現在）だそうです。これほどまでに大変な修行は、普通の人にはそうできるものではありません。

そこで、みなさんにお伝えしたいのが、私が実践している「千日習慣行」です。娯楽を楽しんでもいい、美味しいものを食べてもいい、たっぷり寝てもいい。日常の生活の中で「これを成し遂げたい！」という目標を定めて、達成のためにコツコツ取り組む。自ら決めた良い〝習慣〟を継続することなら、なんだかできそうな気がしませんか？

実は、私は小さい頃からすぐに諦めてしまう粘りのない性格で、物事に対して最後までやり遂げることができませんでした。しかし、すぐに投げ出してしまう気質が大きく変わるきっかけが25歳の時に訪れます。それは、占い師として仕事を始める直前、慣れ親しんだ実家を離れる前日にもらった祖母からの言葉でした。夜中に祖母が寝室にやってきて、神妙な顔で私を正座させ「どんなことがあっても1000日続けなさい」と、十一面観音菩薩（龍神の本地仏）の絵を持たせてくれたのです。祖母は若い頃、当時はまだ珍しかった職業婦人であり、仕事を続ける中でくじけそうな時には何度も自分に「絶対千日はやる！」と言い聞かせて、自らを奮い立たせてきたそうです。結果、彼女は数十年もの間、日本一の業績を上げつづけ、亡くなるまで不死鳥（フェニックス）と呼ばれました。

実家を出た私は祖母の言いつけを守り、占いの仕事を千日は続ける、という気概で取り組みました。そして、祖母が持たせてくれた十一面観音菩薩の絵に毎朝手を合わせ、ご真言を唱えつづけました。諦めようと思ったことは何度もありましたが、そのたびに柔らかに微笑む菩薩のお顔が思い出されて踏みとどまり、1000日まで毎日カレンダーに印をつけながら一心に仕事に打ち込んだのです。そうして1000日後には占い師として独り立ちすることができ、鹿児島から上京するに至りました。まさしく祖母の言う通りでした。

それ以降、私はこれを「千日習慣行」と名づけて、目標を定めたら必ず神仏のお力をお借りしながら1000日続けることを心に決め、この14年で5回成し遂げました。

そして今も新たな心願を誓い、継続しています。実は、先述した借金を完済することができたのも、この千日習慣行によるものです。神仏に誓いを立て、ただ淡々と毎日続ける。これは、苦行である〝千日回峰行〟とも共通するところがあると思います。もちろん程度の差はありますが、それでも千日続けることには変わりありません。私はここに1000日という数字の「奇跡の力」を感じました。

一見、意味がないように見えても、一つのことをやり続ける時間から真理を見出したり、学んだりすることは往々にしてあるもの。実際に1000日間かけて習慣を継続すると、さまざまな発見があります。3日で好奇心がしぼんで止めてしまう壁（三日坊主）があること、3週間で継続が楽になること、3ヶ月を経過すると、もはや無意識的に行うことができ、そして300日、600日の気づきを経て才能になること。1000日やると奇跡のような〝何か〟が起こります。

その〝何か〟とは、習慣により「精進」を続けることで得られた神仏のご加護により、心願が成就するという事実です。もしあなたに、今どうしても叶えたい願いがあるのでしたら、龍神様に誓いを立てて毎日少しずつでも前に進みつづけていく、この「千日習慣行」に取り組んでみてはいかがでしょうか。1000日と聞くと気が遠くなるかもしれませんが、実は多くの人はすでに成し遂げているのです。……それは「中学校卒業」です。

私たちは義務教育として、最も多感な時期に3年間中学校に通いつづけます。もちろん、ケガや病気で休むことや、夏休みなどの長期休暇もあります。それでも、一つのことに1000日近く取り組むという点では同じことですよね。すでにそれを乗り越えているわけですから、やり方さえ間違えなければ、きっと誰もが継続できるはずです。そこで「千日習慣行」のコツをお伝えしますね。

◆千日習慣行　達成の秘訣8か条

①龍神様に誓いを立て心願成就の祈願をする

まずは、あなた自身の心が熱くなるような心願を見つけてください。それが決まれば、龍神様に誓いを立てて祈願をしましょう。可能なら、前にも述べたように龍神様を祀る神社仏閣へ足を運ぶのが理想的ですが、難しい場合は神棚や護符、お守りに手を合わせるのでもかまいません。大事なのは、何を差し出すのかということ。達成のために自分が何をできるかも伝えましょう。

②手帳を準備して願いごとを書き込み、残り日数を毎日記入する

次に手帳を準備して、龍神様に誓った願いごとを書き込みましょう。一番目につきやすく、最も開く機会の多いページに赤ペンで大きく書いてください。そのページに付箋を貼っておくのもいいでしょう。そして、さっそくスタートした日付の横に「1000」と記入してください。そこから毎日カウントダウンの要領で、1日ずつ残り日数をつけていきます。そして、龍神様に感謝と進捗をご報告しましょう。

③休んだら、そこからまた始める〝柔軟性〟を持つ

もし途中で休んだり、目標に対してどうしても取り組む時間がなかったとしても、それはかまいません。大切なのは〝柔軟性〟です。ストップしたところから、また日付をつけて続けていきましょう。トータルで走り抜くことを意識してください。

④最初の3日間は目標の〝調整日〟にする

実は、最初の3日間が最初の試練です。なぜなら、やる気に満ちあふれ、目標を高

く設定しすぎて苦しくなりがちだからです。それが「三日坊主」で投げ出してしまう原因です。そのため、この3日間は長く続けられる目標設定のための〝調整日〟にしましょう。なお、継続のための秘訣は、あなたの全力の6～7割程度を設定することです。

⑤ 何があっても3週間は諦めずに続ける

〝3日の壁〟を乗り越えた次にやってくるのが〝3週間の壁〟です。これは刺激がなくなり、だんだんと飽きがやってくるタイミング。この21日間は毎日のように龍神様と向き合い、本当にこの願いを叶えたいという強い想いや胆力を、金剛（ダイヤモンド）のごとく堅く強めていく。3週間の壁を乗り越えられれば8割は成功です。

⑥ 3週間続けたら3ヶ月を目途に洗練させていく

もしあなたが3週間継続することができれば、ここから一気に習慣化が楽になっていきます。なぜなら、新しく龍神様との約束事である〝習慣のパイプ〟が、あなたの心身の回路に構築されるからです。それが一度形づくられると、それ以降はなかなか壊れることはありません。そこから3ヶ月を目途に不要なタスクを捨てていき、洗練させていきましょう。

⑦ 300日続けたら「振り返り」を行う

約90日（3ヶ月）続けることができれば、もう〝千日習慣行〟はあなたのライフスタイル、そして性格の一部になっているはずです。そのまま走り抜ければいいのですが、300日（約10ヶ月）の時点で一度、振り返ってみましょう。今のままの自分でいいのか、惰性で続けていないか、そして、その願望を今でも叶えたいのかなど、自問自答してみてください。それでも続けたいなら〝本物〟です。

⑧ 600日続けたら変化したことを書き出す

そうして600日継続すると、不思議なことに何かしらの結果が表れているはずです。もしかすると、あなたの願いは叶っているかもしれません。でも、1000日まで続けてみてください。なぜなら、そこから「本当の奇跡」が訪れるからです。それはきっと、あなた自身も予想だにしなかった〝輝かしい未来〟であるはずです。

龍神様に対する感謝の気持ちを忘れずに良い習慣を続けていると、感受性と想像力が活性化します。私はこの方法で資格を80種取得したり、仏教を学んで僧侶になることができたりしました。

それでも習慣化できない場合は、「環境」を整えてみましょう。環境が整っていなければ、目標を立てても継続するのが難しい場合もあります。習慣化するには集中できる環境づくりも大切です。そのためには、余計な情報が入ってこないように不要なものや刺激をシャットアウトして、快適に継続できる空間にするための整理整頓をしましょう。そして、なるべく決まった時間に取り組むようにするといいでしょう。お勧めの時間帯は、誰にも邪魔されず静かに専心できる早朝（午前4時〜7時）です。環境の力を借りることで、あなたの習慣はより確固たるものになるはずです。

繰り返しになりますが、1000日という時間には、物事を達成させ成就させる不思議な力が宿っています。あなたも心に願う望みを、龍神様の後押しをいただいて叶えてみてはいかがでしょうか。きっと、〝龍と共に生きる〟龍神信仰のご利益を肌で感じることができるはずです。そして、千日の習慣を成し遂げたという自信は、あなたにとってこれからの人生を支えてくれる、何ものにも代えられない財産になります。

【運命を善く変える千日の過ごし方】

千日習慣行とは……
「習慣」と「環境」で人生を思い通りに変える手法であり
「1000」という数字に宿る奇跡の力を毎日の習慣から引き出す行
→適切に目標を設定し、環境の力を整え、習慣を実践すれば
　誰でも成就できる。

確実に成就させるために気をつけること……継続のための姿勢づくり
→「マザーテレサの言葉」と仏教の「三密」に共通する教えがある。

■マザー・テレサの言葉「思考に気をつけなさい」
思考に気をつけなさい、それはいつか言葉になるから。
言葉に気をつけなさい、それはいつか行動になるから。
行動に気をつけなさい、それはいつか習慣になるから。
習慣に気をつけなさい、それはいつか性格になるから。
性格に気をつけなさい、それはいつか運命になるから。

■仏教における三密「身・口・意の三業の一致」
身（行動）・口（言葉）・意（思考）を一致させる習慣＝悟り
習慣が日常になることでより善い人生をつくる→運命になる

つまり……
「思考→言葉→行動→習慣→性格→運命＝人生が変わる」

逆を言えば
「人生を変える＝運命→性格→習慣→行動→言葉→思考」

人生を変えるには、自分の思考と言葉と行動を
よく観察することが大切。
まず普段の思考の質を「高める」ために、
望む運命から逆算して目標を設定する。
継続していけば自ずと習慣になり、性格ひいては運命が変わる！

【習慣の壁と奇跡】

「千日習慣行」を大成するには途中で６つの壁がある
これらの壁を乗り越えていくことが千日習慣行の本質

・３日間（思考の壁）……熱が冷める壁。
好奇心がしぼむ「三日坊主」がこれ！
・３週間（言葉の壁）……言い訳の壁。
できない・やれない理由を探す！
・３ヶ月間（行動の壁）……不規則の壁。
習慣ができる反面、乱されると崩れやすい！
・300日間（習慣の壁）……硬直の壁。
無意識にできるゆえに飽きる！
・600日間（性格の壁）……自己満足の壁。
気づきを得て洗練させる必要あり！
・1000日間（運命の壁）……継続の壁。
ただ自然体でやり続けられるか?!
そして……
「壁」を超え才能になる＝奇跡が起きる（運命が変わる）

【継続を助けてくれる「環境の力」とは】

継続できない理由は「環境が整っていないから」
⇒環境の力を借りて「３つの力」と「心構え」を養う

・目的の達成に不要なモノは極力取り除く「集中力」
　→精進の心
・手帳やカレンダーを活用して記録する「内省力」
　→謙虚の心
・龍神様（神仏）へ千日習慣行の宣言とご報告「信心力」
　→感謝の心

精進・謙虚・感謝を忘れずに
集中力・内省力・信心力を養えば
環境の後押しが得られて習慣づけが楽になる！

コラム

滝行と痛みのメカニズム

帝京大学　薬学部臨床薬学講座　薬効解析学研究室教授
名古屋市立大学大学院　薬学研究科　神経薬理学分野客員教授　大澤　匡弘

私たちが五感で認識する「痛み」とは、命が危ないと感じられる外界の刺激によってもたらされる反応で、脳で感知しています。高いところから流れる水に打たれる滝行のような強い刺激は、苦痛をもたらすこともありますが、一方で精神統一をすることもできます。これは、どのような原理で起こるのでしょうか。研究者の立場から、「痛み」にフォーカスして解説してみたいと思います。

人は、一つのことにしか目（意識）を向けることができません。みなさんも経験があると思いますが、何かに集中している時に、背後から肩を叩かれたり呼びかけられたりすると、集中している対象が変わります。また、マルチタスクができるという人でも、一瞬一瞬では一つのことしかできません。つまり、人間はどのような状態でも、一つのことにしか集中できないのです。

では、話を滝行に戻してみます。多くの方は日常生活での悩みや苦しみに直面している時に、龍神など神様に救いを求めることも多いと思います。中には修行をされる場合もあるでしょう。修行の中でも代表的な滝行は、上から落ちてくる水を体で受け止める行です。つまり、激しく落ちてくる水の刺激を全身で受け止めて、その痛みに対して集中していることになります。痛みを感じている時には、体の中で痛みを鎮める反応も同時に働いています。この痛みを鎮める反応は、体の中にある脳内麻薬によって引き起こされます。似ている反応に「ランナーズハイ」があります。ランナーズハイや痛みを感じている時に出てくる脳内麻薬はベータエンドルフィンと呼ばれ、人間に快楽をもたらすことが知られています。つまり、苦痛を感じている時には、同様に快楽の物質が一緒に増えているということになります。

痛みを感じているのに快楽の物質が増えている、と言うと、一見矛盾しているように聞こえるかもしれませんが、痛みによって快楽を感じる人たちもいますし、滝行などのように、激しい痛みを生じ得る刺激を心地よいと感じることができるのも、この脳内麻薬のおかげであると言えます。では、どうやったら痛みに打ち勝つことができるのでしょうか？

それは「気分」です。多くの人は、自分の好きな相手に不意に肩を叩かれても、痛みや苦痛とは感じず、逆にうれしい気持ちになります。一方、自分が嫌いな相手から不意に肩を叩かれれば、痛みや苦痛を感じたり、強い不快感が生じたりすると思います。つまり、自分が心地よいと感じられる時には、痛みは痛みではなくなるのです。滝行も同様に、自分が滝に打たれているという客観的な視点から自己承認欲求が満たされるため、本来であれば強い刺激である滝に打たれるということが心地よくなるのです。

痛みは全ての感覚や意識を超越する、最も意識に上がりやすい刺激です。滝行では、この痛みを与えることにより、日常生活の悩みや煩悩から、精神を解放する力があると科学的にも裏づけることができます。

第5章

龍神様に毎日愛されるために

龍から守護されることの真の意味

龍神から守護される、ご加護を受ける真の意味は何でしょうか。それはおそらく、社会に対して〝本当の自分〟を形成できることなのかもしれません。本当の自分というとさまざまな側面を思いますが、ここではSNSで目立ったりたくさんのファンを獲得したりするなど一過性のものではありません。人間らしく広く愛をもたらすこと、それを後世に残すという意味合いです。

龍神は〝自然神〟という役割を狙い、この世界に存在意義を持っています。そのため、人間個人の自己顕示欲を満たすような願いに手を貸すことは、まずありません。世界が未来永劫続くことを願っているはずです。龍神が私たちに願っていることは決して難しいことではなく、親が子を育て、子や孫を大切にする感覚を想像してもらえればわかりやすいかもしれません。私たち人類は「生まれて死ぬ」という逃れられない宿命を持っている以上、自分の生命を全うすると同時に、自分が生きた証を遺すという天命を与えられています。

悠久の時間の中で、人の生命は流星の閃きのように一瞬かもしれませんが、それゆえに眩しいほどの輝きを発することができます。龍神はそんな人の生きる姿を、自然の摂理にしたがって後押ししてくれる存在であると私は考えます。古来、人の歴史をずっと眺めつづけてくれた超存在であるからこそ、人の愚かさ、愛おしさ、可能性を自然の摂理の一つとして見守ってきたのではないでしょうか。そう考えると、龍神がご利益を与えてくれる人物像が浮びあがってきます。それはきっと、「向上心を持ち、自己成長を続けることができる人間」だと言えます。

古典『方丈記』に「ゆく河の流れは絶えずして、しかももとの水にあらず。淀みに浮かぶうたかたは、かつ消えかつ結びて、久しくとどまりたるためしなし。世の中にある人とすみかと、またかくのごとし」という一節があります。現代語にすると「川の流れは絶えることはなく、それでいてそこを流れる水は、同じ水ではない。川のよどみに浮かぶ水の泡は、一方では消え、他方では現れて、そのまま長くとどまりはしない。世の中の人たちの生き方もまた、ちょうどこの川の流れや水の泡のようなものである」という内容です。このように、人々の営みは古くから現代まで大差なく、仏教の根本思想とされる〝無常観〟の中にあります。

では、人はそれにしたがうだけの存在でしょうか。もしそうであるなら、とうの昔に人類は滅んでいたことでしょう。どんな大災害や悲惨な出来事が起こっても、私たち人類はそこから立ち直り、新たな文明を築いてきました。それは龍神が人間界を見守り、人々に恵みと加護をもたらしてくれたからに他なりません。私たちは常に自然の力を借りながら、時代をつむぎ続けてきたのです。だからこそ、龍神から守護されることの真の意味とは、「人類を成長させて繁栄する力を与えてくれる」ことにあると思います。

成功への気づきを与える龍神とのご縁　～祈りと天命～

神社仏閣へ伺った際には、みなさんきっと〝祈願〟をなさっていると思います。この祈りの意味についても少し触れてみましょう。私たちは全力を出しきって他にもう何もやることがない状況になったら、結果を待つ以外ありませんよね。そのことを中国の故事『読史管見《とくしかんけん》』では〝人事を尽くして天命を待つ〟と表現しました。これは「人として可能な限りの努力をしたら、結果を天の意思に任せる」という意味です。ここには、どんな結果になろうとも悔いはないという「覚悟」の境地も含まれています。〝人事〟とは人として成すべきこと、〝天命〟とはあらかじめ定められている天の意思（運命）を指します。

しかし、この故事だけでは運と結果の関係は完結していないと思います。それは運命を克服しようという〝気概〟に関する部分です。努力は当然大切なものだとして、果たして、ただ待つだけで天＝龍神が味方してくれるでしょうか。最大限の努力の後にできることとして、〝祈る〟という余地があります。祈りというと非科学的なものという印象があるかもしれませんが、実は多くの研究でその効果が証明され、科学的に立証されています。カリフォルニア大学のランドルフ・ビルド博士によると、祈りを捧げてもらっていたグループの人たちの病気の進行速度が、通常よりもあきらかに遅くなったという報告もあります。

祈りを捧げることで自分が誰かのためになっていると自認すると、快感物質であるドーパミン、脳内麻薬と呼ばれるベータエンドルフィン、愛情物質のオキシトシンなどが脳内で分泌されます。このことにより自身も幸福感に包まれるメカニズムを〝ヘルパーズ・ハイ〟と呼びます。つまり「祈ることで幸せになれる」という結果が引き起こされます。祈るという行動は、自分も他人も幸福にできるという驚くべき効果があるのです。だからこそ龍神に願い、自然のために祈ってみる。そこに幸せへの気づきがあるのかもしれません。そのため、全力を尽くした後にその先の成就を祈ることが「人事を尽くして天命を待つ」ための極意なのです。

龍神信仰は〝感性〟としての生き方

あなたは、同じような状況でも「運が良かった」「運が悪かった」と〝運〟による結果の差を感じたことはありませんか？　私たちの人生の中には一般的に「幸運期」というものがあります。その期間はやること為すこと何もかもがうまくいき、チャンスに恵まれたりピンチを回避できたりする、魔法のようなシーズンと表現されることも少なくありません。しかし、その意味についてはさまざまな要因が絡んでいるものです。幸運期は大別すると3つに分類されます。

一つ目は、これまでの努力が頂点に達して、目に見える形で現象化したという「努力の積み重ね」の「因果」。これはコップの水に喩えると、中に一滴一滴絶え間なく水を入れつづけ、表面張力という外的圧力を超えた瞬間に一気にこぼれるという形でやってくる運です。そのため、行動によって引き寄せる幸運だと言えます。２つ目は、何の努力もせず、たまたまタイミングが良かったり、有力者の気まぐれといった外的要因が自分に都合良く働いてやってくる「生命エネルギーの波」による「偶然」。これが一般に説明される幸運期に最も近いかもしれません。無条件で棚ぼた的にやってきた幸運であるため自分の力と過信しやすく、調子に乗り謙虚さを忘れていると、次に訪れる不運の波で持ち崩す可能性が高いでしょう。そして最後の３つ目は、自分の想いと社会の流れ、天の意思が合致したことで、大きな幸運のうねりを生み出すことができる「集合エネルギーの重なり」。これは訪れるべくして訪れた、天の総意と言えます。自然を味方につけることでやってくる「龍神の祝福」と表現してもいいかもしれません。

人生には不運な時もあれば、幸運な時もあります。あなたが幸運だと感じた時、このツキはいったい何に由来するのかを考えてみてはいかがでしょうか。「因果」は時間こそかかりますが長続きするもの、「偶然」は一過性の単なるラッキーで努力なしでは維持できないもの、そして「龍神の祝福」は自分だけでなく周囲や環境全体を底上げする強固なもの。今の幸運がどれに一番近いのかわかれば、ツキを維持するための動き方が見えてくるはずです。

人は文明の発展により時間すら支配してきました。自動車、洗濯機、携帯電話……さまざまな技術で時間を縮めてきたのです。私たちの日常生活にある、ありとあらゆるものは過去の誰かのイメージや思考が重なって具現化したものです。そうして先人たちが運命を切り開いてくれた社会の中で、私たちは今を生きています。このように、私たちは「運命」という時間軸の中に存在しているのです。現在は過去の自分の積み重ねであり、未来もまたこれからの自分の行動から創られていきます。もしもあなたが、運命をより良くしたいと思うなら、日々の行動を大切にしなくてはなりません。日々を大切にするために必要なことは、頭の中にある意識（イメージ）をポジティブなものにすることから始まります。

そして私たちの生活は意識が行動をつくり、行動が習慣をつくり、習慣が体質をつくり、体質が運命をつくることで成立しています。つまり、あなたが今ここで何を思い、何を行うかによって、運命はいかようにでも変えていけるのです。だからこそ、心構えを清く保ちましょう。そのような精神でいれば、必ず龍神の後押しを得て自分の運命を支配できるようになります。

龍神の後押しは宿命と運命と天命が備わった時に

龍神の後押しを得られるのは「宿命（謙虚）」と「運命（習慣）」と「天命（利他）」が備わった時だと言われています。ではこの3つについて、考えてみましょう。

●宿命について

「謙虚」は〝美徳〟とされますが、なぜ良い要素とされるのでしょう。似て非なる言葉に〝卑屈〟が挙げられますが、自分を貶めるニュアンスを含んでいますよね。謙虚という言葉の真意は、まだ得ていないものに必要以上の欲を出さず、今あるものに満足する姿勢を持ち、与えられた個の生命を磨くところにあるのかもしれません。そんな謙虚さを磨くためには、自分自身を離れたところから素直に見つめることから始めるのが重要です。「素直」とは何も疑わず偏らない〝中庸の心〟で、ありのままを受け入れることを意味します。そこから、自分の「好き、嫌い」という感情に思いを馳せ、次に「強み、弱み」を考えてみる。これは特に、幼少期～青年期の頃を思い出すとわかりやすいかもしれません。自分がどのような性質の傾向を持っているか、どこが得意で伸びしろがあるかを把握すれば、謙虚な精神を培うことができるはず。では謙虚であると何が起きるのでしょう。

それはちょっぴりの欲でも満足できるという「小欲知足《しょうよくちそく》」の精神と自然にシフトしていけるということ。

この小欲知足の精神でいれば自分の心に余裕が生まれ、幸せの域値のハードルが下がりポジティブな気持ちで満たされます。そうすると、己を超えた世界「真我（人間であるがゆえの業が削がれた無我の境地、潜在意識）」に触れられるようになり、自ずと叡智が湧き上がってくるでしょう。目を閉じ、龍神を心に思い浮かべ、深呼吸して素直になる。実はこれこそが、古くから人間が積み重ねてきた〝謙虚〟の姿勢なのかもしれません。

●運命について

人は弱いものです。正しい目標と良い習慣を継続するのは、厳しいものだと感じるでしょう。そこで大切なのが目標と習慣、身近な心の指導者＝龍神の設定です。精進して時間の価値を高めるには、習慣の「継続」がポイントです。そのためには、目標は大目標と小目標に分け、龍神を「尊ぶ」姿勢が大切です。習慣を設定する上で大切なのは、簡単すぎず難しすぎない目標設定（自分の持てる全力の6～7割程度）。もし具体的に思い浮かばない場合は、散歩など「自然」に接するもの、あるいは「五感」で感じるもの、人の持つ「気」にまつわるものを設定するといいでしょう。

そして、ゆくゆくは修験道の難行「千日回峰行」に倣った「千日習慣行」にできれば理想です。習慣により「精進」を続けることで見えてくる、不思議な運が動き始めます。

逆に惰性で生活していると、今の自分を向上させる重要な兆しがあったとしても、それを感知する好奇心が起こらないため、みすみす逃してしまいます。しかし向上心を持ち、良い習慣を続けていると、無意識に自分の興味・関心のある情報を脳が集めるようになります。そうなれば、表面的には無関係に見えるいくつかの出来事を繋ぐ糸がわかるようになり、運の変わり目が見えてきます。そして、今自分に起きていることの意義や最適解を見極められる。そんな奇跡が起こるはずです。

●天命について

私たちは小さい頃より自分の得になることだけを追求せず、他人や世の中のためになる徳（利他）も考えるように、親や社会から教育されることが多々あります。果たしてこれは道徳的な意味によるものなのでしょうか。仏教においては〝自《じ》利《り》利《り》他《た》円《えん》満《まん》〟という言葉があります。これは自分の利益になることだけを求めず、他者に利益（お困りごとの解決）を差し上げることで喜びを共有し、巡り巡って自分も得をするという意味です。なお、反対語に〝我《が》利《り》我《が》利《り》亡《もう》者《じゃ》（自利を追求し不幸に陥る）〟があります。つまり、自利と利他は相反するものでなく、利他の精神が自利に繋がり、円満になるというわけです。もしかすると本当に大切なのは「共感」に目を向けることかもしれません。これは市場経済の需要と供給に似ている面があります。

自分の得意分野を〝供給〟と考え、周囲のお困りごとを〝需要〟と考えた時に、お困りごとを得意分野で解決することで需要と供給の〝調和〟がとれて、お互いに〝自分事（当事者意識）〟という共感が生まれます。そこで大切なのは自分に何ができるのか、周囲や社会は何を求めているのか「共通項」をイメージすること。そうして力を合わせていく中で、龍神の後押しによる大きな力を得られるようになるはずです。

こうして利他を心がけると、龍神の加護が働きやすくなります。それは、自分と他者の意識が調和を生み、そして心に描いたイメージが現実に表れる不思議な一致（シンクロニシティ）が起きて、その結果、相手も自分も大きな恵みを享受できるという結果がもたらされます。やはり「人の為は自分の為」になるのです。言い換えると、需給の〝折衷点〟を見つけ、そこに自ら与えることで自然や環境からより大きな協力を得る、すなわち龍神の回天力（天を一変させる大きな力）を動かすことができるでしょう。

不運期こそ上昇する準備期間

人生において、不運や不幸は必ず訪れます。しかし、そこに恐れを抱いてはいけません。なぜなら、それは自己を鍛える上で最高のイベントにもなり得るからです。人間的な深みや人格的な側面を伸ばすには、自我が内面に向かうきっかけが必要になります。そして、不運な出来事こそが、そのきっかけになってくれるのです。

不運は自分ひとりの能力だけでは解決しがたい壁ですが、新しい能力に目覚めるには必ずと言っていいほど苦しみや困難を乗り越えなければなりません。もがきながらも工夫し、果敢に突き進む中で人としての深みや重厚感が増していきます。ただ、これら不運から逃げるという選択肢もあります。真っ向から立ち向かわずに自分に都合良く立ち回り、避けて通るということが可能な場合もあります。しかし、不運は自分を鍛えるための「天からのギフト」という側面があることも、心に留めておいてください。それを受け止めずに逃げてしまえば、いつまでも成長できないまま、また同じ不運が巡ってきます。

人生における不運は、結局どこへ逃げても必ず巡り巡ってくるもの。なぜなら、あなただけに与えられるギフトだからです。自分の人格、人間性を成長させるためにも、逃げないという選択をした方が結果的にそれ以上の幸福をつかむことができるかもしれません。だからこそ、不運に対して良質な苦労をしましょう。逃げる苦労をするよりも、絶対に逃げないという決意のもと、立ち向かってみる。そんな人を龍神は放ってはおきません。不運は回避するものではなく、向き合って克服するものと覚えておけば、龍神が自分のために与えてくださったボーナスにも変えることができるのです。

人生には良い時もあれば悪い時もあります。しかし、その浮き沈みがどのような形で訪れるかは、あまり知られていません。あなたの運がどのような性質を持っているかを知っておけば、その波に翻弄されることは避けられます。上昇運にある時は、ゆっくりとカーブを描いて昇っていきます。最初の段階はゆるやかで、伸びていることに気づきません。そしてある程度の地点から急に勢いがついて上昇していきます。この勢いになると、「自分はツイている！」「今なら負けなし」と思い込んでしまうでしょう。

《「逆L字」浮き沈み曲線》

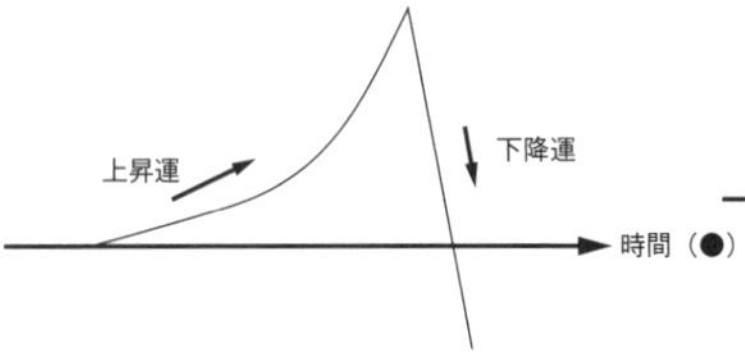

「昇竜型」
《強運な人の曲線》
謙虚さでリカバリーする

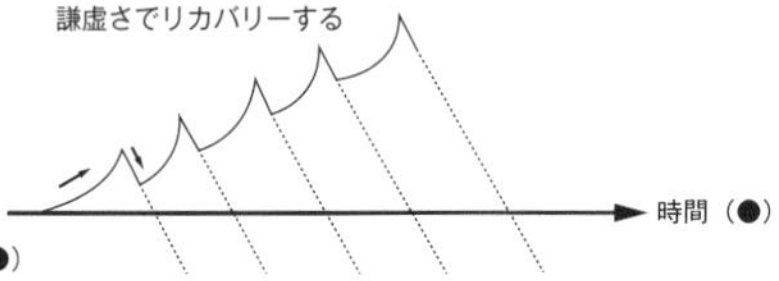

そしてその後は、運気ピークの段階である「頂点」に至り最も調子の良いところから急転直下。傾斜のついた直線状に一気に下降します。その様は線で表すと、「逆L字型」と形容できるほどに急激です。そして、自分の運が下降していることに気が付いた時には、もう止められません。最初の運気の地点に戻るどころか、「底」に落ちるまで下がりつづけていきます。頂点に達した段階でそこに気が付くのはかなり難しく、気が付いたとしても調子が良い時期だけに自分なら何とかなると思ってしまいがちです。でも、勘の良い人は下降しはじめた段階でそこに気づき、謙虚に気を引き締めることで不運の下降局面をゆるやかに抑えることができます。そしてまた、上昇運へと持ち直し、下がって上がり「谷」から「山」のようなラインを描いて運を高めていきます。このような山を描きつづけていける人を「昇龍型」の運、龍神が守護する「強運」だというのではないでしょうか。その人の人

間性は運の良い時ではなく、悪い時にこそ表れるもの。傲慢にならずに謙虚さを持って自分の運勢のグラフを美しく描いていきましょう。そうすれば、人生における浮き沈みの波も怖くはありません。

人生はとても理不尽です。それこそまるで「龍神の怒り」や「天の気まぐれ」であるかのように、幸せと不幸せの偏りがあることも少なくありません。

しかし同時に、どんなルーツ、資質であったとしても、そこには必ず生まれてきた「意味」があります。理不尽だと感じても、それはあくまで自我の感情論ですので、視点を変えてみましょう。誰かがいることで、周囲は気づきがあったり思いやりを持てたりと、元々持っている自分の力以上の才覚に目覚めることもあります。視点を変えると、あなたも誰かの才覚を目覚めさせている存在になっているかもしれません。これこそが人生の「妙」というもの。映画やドラマのように、人それぞれ与えられた役割というものがあるのです。その脚本や配役に悩む人も少なくないかもしれませんが、腹をくくって与えられた役を演じきった方が、善く生きる道へと繋がるのは確実。そんな人にこそ龍神は力を貸してくれるはずです。誰も天の配役から逃れられない以上、開き直った方が道を拓けるのです。

大自然との循環を目指して

龍神信仰はその根底に、自然の雄大さと人間の矮小さがテーマにあります。大自然と相対して、人格的成長を志すことを尊ぶ信仰です。人が人格的に成長するには、まず自分が未熟で不完全であることを自覚しなければいけません。そして、人格が磨かれるための「正しい目標」を見出して、感性を豊かに研ぎすましていく必要があります。そうしてはじめて社会に貢献できるようになり、自他共に成長を感じるはずです。

では、目指すべき「正しい目標」の基準とは何なのでしょう。それは「真《しん》・善《ぜん》・美《び》」という価値観です。これらは人間が生きる上での理想の状態を、3つの言葉で具現化しています。「真」とは、嘘偽りのない、真実や正直さを意味します。「善」とは、倫理的な善や道徳的に正しいことを言います。そして「美」とは、美しいという意味と共に価値のあること、調和のとれた状態を意味しています。

東洋（特に仏教）思想における真善美には、精神の中に物事の本質を見つけ出すという考え方があり、このような考え方を「真我に尋ねる」といいます。仏教における人間の目指すべきところは「完全に我のない状態」です。そこには煩悩も欲もなければ、虚栄心も向上心も存在しません。これが仏教における最高の境地です。つまり、西洋思想でも東洋思想でも、真善美が調和のとれた最高の状態であるとされているのです。それを志向する感性の高さが、人格成長に繋がるのではないでしょうか。

龍神信仰においては、自分という「個」から離れて他を思う「利他」の精神が必要になりますが、簡単に言うと、「三方よし」の精神に近いのかもしれません。

〝三方よし〟とは「自分よし、相手よし、社会や自然よし」という考え方です。これこそが自分と周囲、社会との共通項を繋ぎ、天運を動かしていくための極意です。この極意を活かすには、どんなことも「我がことのように」感じ、考える姿勢が必要になってきます。なかなか難しいと感じるかもしれませんが、会得することで天運を味方につけ大きな運を引き込むことが可能になるのです。

ただ、龍神信仰における「天運」は環境や人々の集合意思であり、神や運そのものを意味していません。天運は利己の精神では動かすことができない心的エネルギーの集合で、利他の精神によってしか動きません。そのため、天運に根差す天命を得るとしたら、社会や人に精一杯尽くす行いをした後となります。だからこそ、いざ天の力を借りようと思った時、それまでに行動を起こしていなければ、びくとも動いてくれないのです。つまり、常日頃から人や社会を思い、資する姿勢がなければ活かすことができません。ただ「吉報を寝て待つ」だけでは龍神は味方しないので、いざ緊急の時には自力で対処していくしかありません。もしもあなたが本当に困った時に天の力を借りようと思うなら、困苦が目の前に現れた時ではなく、日々の自分の生き様から正しておくことが大切です。

これまで龍神信仰の最終目標は、「森羅万象（大自然）の恵みに感謝し、自分らしく本質的な願望を叶えることである」と述べてきました。なぜそれを目標とするのか、それは私たち人間が、何のために生まれ何のために生きるのかということを思索する必要があります。そこで最後に、大宇宙の意志について触れてみたいと思います。

大宇宙の意志は、私たちが想像もつかないルールで秩序立てられたものであると推測します。なぜならば、大宇宙が生物、植物、鉱物といった、驚くべき秩序に基づいた物質を生み出したところにあります。人類には天地造物の真似事はできても、これと全く同じことはできないでしょう。

しかし同時に、大宇宙は秩序から無秩序（混沌）へ向かい、元に戻る性質がありま す。つまり、秩序立っていると同時に混沌も秩序の一部に含み、進化するためのシス テムとして組み込んでいるのではないでしょうか。それは私たち人間自体も、大宇宙 を構成する一部として進化し、向上する生物であることからもわかります。そして龍 神は人類の進化を促す導き手である、と考えてみてはどうでしょう。

私たち人間は、さまざまな環境に順応できます。つまり、向上心を持ち進化するた めに生まれてきました。これは大宇宙自体が自ずと進化向上するということを前提に、 その中で生きる存在だからです。ここからも、人間はこの大宇宙（大自然）、つまり 龍神と一体化し、森羅万象に至る資格を持って生まれてきたと考えられます。そして、 そのために共同活動を行う力が与えられているのではないでしょうか。偉大な大宇宙 と、小宇宙たる生命が誕生し進化する理由は、「自己循環」にあると私は考えます。 これを理解していれば、龍神の力を借り、魂を磨いて自己実現することの行き着く先 が見えてくると思います。

さあ、あなたも今日から、龍と共に生きてみてはいかがですか？

あとがき

私たち人間には、抗いようのない煩悩があります。
お金持ちになりたい、尊敬されたい、便利な暮らしをしたい……。
これらは、仏教では欲望・怒り・愚かさ（貪・瞋・痴）によって
もたらされると説かれています。

一般に、「煩悩」というと
悪く捉えられがちですが、
私たちに肉体という器がある以上は
避けられない当たり前のこと。

「煩悩即菩提（ぼんのうそくぼだい）」という教えもあるように、

悟るためのエネルギーにも変換可能な、
生きていくための大切な原動力です。

ただ、そのエネルギーは使い方次第では、
争いや憎しみ、破滅を生み出すことにも繋がります。
そうならないためにも、自然に一度立ち返り
龍神の力を借りて自分の心と向き合い、
内省することが大切だと思います。

そこに映し出されるのはきっと
「安心したい」「平穏でありたい」という
とても素朴で普遍的な願い、
普通の幸せへの想いではないでしょうか。

本来、この世界に必要なものは

大自然から与えられています。
そんなありがたみに気づくこと、
それこそが「悟り」だと私は思います。

何も特別なことではなく、
懐かしく愛おしい感覚。
実は、真の幸せとは
「普通」であることなのです。

そして、それは与えられるものでも目指すものでもなく、
一人ひとりが自分自身の心の在りように
気づくだけです。

決して難しいことはありません。
自分の中に隠されているバランス感覚に目を向けて

照らすだけ。

常に変化を続ける諸行無常のこの世界で、
たった一つ、あなたを照らす
確かな「ともしび」のあたたかさを感じるはずです。

私は過去に数千万円の借金を抱え、
鬱を発症して命を断とうとした、
地獄の日々を生きた経験があります。

そんな私がなぜ今は
僧侶として毎日を穏やかに過ごせているのか、
その理由がご理解いただけたのではないでしょうか。

それは小さい頃から触れてきた実家の井戸と

「龍神信仰」に答えがありました。

感受性と想像力を少しだけ働かせてみてください。

きっと見えてくるはずです、

龍神様はすぐそこに、あなたのそばに在るということに。

令和6年11月吉日

脇田尚徳

◆参考文献

『あなたの人生を変える龍神さまの《ご利益》がわかる本』（大法輪閣）羽田守快・著
『龍神とつながる強運人生』（ダイヤモンド社）大杉日香理・著
『「龍使い」になれる本』（サンマーク出版）大杉日香理・著
『唱えればかなう真言事典』（国書刊行会）中野展子・編著
『捨てる力　ブッダの問題解決入門』（ダイヤモンド社）大喜多健吾・著
「世界の壊滅と再生――中国神話における自然災害」楊利慧、山田仁史・訳
『超人化メソッド修験道　山伏伝承身心向上術』（ＢＡＢジャパン）長谷川智・著

◆参拝した龍神にまつわる神社仏閣

□青森県

善知鳥《うとう》神社
廣田神社
諏訪神社

□宮城県

青麻《あおそ》神社

白鬚神社

天津神大龍神宮

零羊崎《ひつじさき》神社（龍神社）

鹽竈《しおがま》神社

□新潟県

白龍大権現

□東京都

高尾山薬王院

田無神社

□大阪府

意賀美《おかみ》神社

高津《こうづ》神社

□宮崎県

鵜戸《うど》神宮
小戸《おど》神社
江田神社

□鹿児島県

霧島神宮
龍宮神社
東霧《つま》島神宮

◆協力

医療法人社団 HOLOS
クローバーこどもクリニック院長　眞々田容子氏
南青山エッセンス　オーナーシェフ
ＮＰＯ法人全日本薬膳食医情報協会理事長　薮崎友宏氏

帝京大学　薬学部臨床薬学講座　薬効解析学研究室教授
名古屋市立大学大学院　薬学研究科　神経薬理学分野客員教授　　大澤匡弘氏

尾方良理子氏
空（そら）氏
本田晋平氏

巻末付録

あなたの守護龍神がすぐにわかる！
一霊四魂と二十四節気から導く【あなたの守護龍神】

私たちを守護してくれる龍神様。一言で龍神と言っても、そのお役目やお姿、発祥の地などはさまざまで、数多《あまた》の御柱がいらっしゃいます。そこで、あなたがどのような龍神のご加護をいただいているのかを日本神道の「一霊四魂《いちれいしこん》」論と中国に古来伝わる「二十四節気」から導き出してみましょう。

まず「一霊四魂」思想について解説します。幕末の神道家・本田親徳《ちかあつ》によって提唱された『人の霊魂は天と繋がる一霊「直霊《なおひ》」と四つの魂から成り立つ』という霊魂観です。４つの魂とは「荒魂《あらみたま》」「和魂《にぎみたま》」「奇魂《くしみたま》」「幸魂《さきみたま》」であり、それら四魂を「直霊」がコントロールしているという内容です。四魂にはそれぞれ異なった機能があり、四魂の調和が取れている状態が理想的な形です。

四魂の機能について簡単にご説明しましょう。

●荒魂《あらみたま》：父性と直感……強さと責任感、生きる力を与えてくれる

荒魂の役割は「父性」であり照らす力。まさに成功をつかみ取ろうとする原動力の象徴です。ただひたすら直進するだけでなく、不遇な状況でも諦めずに積み重ねていく忍耐の力でもあります。向上心があり、メンタルが強い人はこの〝荒魂〟の作用が強いとされます。

●和魂《にぎみたま》：共性と感覚……自分以外の誰か、環境と調和させてくれる

和魂の役割は「共生（共に生きる）」であり守る力。他者や周囲と調和を保ち協調する使命を持っています。その役割は一言で表現すれば「睦《むつ》まじさ」と言えます。平和な生き方を望み、和やかな雰囲気のある人は、この〝和魂〟の作用が強いでしょう。

●奇魂《くしみたま》：児性と思考……まだ見ぬものへの好奇心、純粋さをくれる

奇魂の役割は「児性《じせい》」であり、伝える力。これは子どものように純粋な好奇心を持ち、物事に対する観察眼や分析力から構成される智恵を意味します。深く探究し答えを導きたい人は、この〝奇魂〟の作用が強いと言えます。

●幸魂《さきみたま》：母性と感情……包容力で受け入れる、優しさをもたらす

幸魂の役割は「母性」であり癒やす力。まさに、愛をもって自然や生きものを慈しみ育てる力そのものです。あらゆるものを包み込む懐の広さや共感を大切にし、自分と異なる立場にも配慮できる人は、この〝幸魂〟の作用が強いとされます。

これら四魂の持ち味を、中核にある直霊がフィードバックし、私たちが〝良心〟と表現しているような働きをしてくれます。

例えば、奇魂がいきすぎた働きをしてしまうと知性が豊かになる反面、他者に対し

て理屈をこねて批判しがちになります。そんな時に直霊は「このままでは人に嫌われてしまう」と反省を促してくれます。つまり直霊は「自己を省みる」という機能を持っているのです。しかし悪行を働くと直霊は「曲霊《まがひ》」となり、四魂の働きは邪悪な方向へ転んでしまいます。

次に「二十四節気」ですが、一年を二十四の節気に分けて、季節の移り変わりや自然の変化を表す区分手法です。この暦法は、紀元前4世紀における中国の戦国時代に考案され、一年を十二の「節気」と十二の「中気」に分類し、それぞれに季節を表す名前がつけられています。現在でも立春、夏至、秋分、大寒など季節を表す言葉として用いられており、太陰太陽暦（旧暦）の閏月を設ける基準ともなっている日本の伝統的な暦です。

この節気を用いた占いは、龍神が移動する黄経を用いて天と地に位置する人のあり方を読み解く古来占術。生まれた節気によって、その人の持つ気質や才能、運命と加護を判断することができ、相手の生年月日がわかれば相性などを見ることも可能です。

それでは「一霊四魂」と「二十四節気」から、あなたの誕生日に当てはまる四魂と龍神様を見ていきましょう！

〈春〉

2月4日～3月4日生まれ
立春《りっしゅん》・雨水《うすい》
奇魂「摩那斯（まなし）龍王」……229ページ

3月5日～4月3日生まれ
啓蟄《けいちつ》・春分《しゅんぶん》
幸魂「善如（ぜんにょ）龍王」……234ページ

4月4日～5月4日生まれ

清明《せいめい》・穀雨《こくう》
荒魂「倶利伽羅（くりから）龍王」……217ページ

〈夏〉

5月5日〜6月4日生まれ
立夏《りっか》・小満《しょうまん》
和魂「優鉢羅（うはつら）龍王」……221ページ

6月5日〜7月6日生まれ
芒種《ぼうしゅ》・夏至《げし》
奇魂「和修吉（わしゅきつ）龍王」……226ページ

7月7日～8月7日生まれ
小暑《しょうしょ》・大暑《たいしょ》
幸魂「跋難陀（ばつなんだ）龍王」……231ページ

〈秋〉

8月8日～9月7日生まれ
立秋《りっしゅう》・処暑《しょしょ》
荒魂「沙羯羅（しゃがら）龍王」……218ページ

9月8日～10月7日生まれ
白露《はくろ》・秋分《しゅうぶん》
和魂「阿那婆達多（あなばだった）龍王」……223ページ

10月8日～11月7日生まれ
寒露《かんろ》・霜降《そうこう》
奇魂「徳叉迦（とくしゃか）龍王」……228ページ

〈冬〉

11月8日～12月6日生まれ
立冬《りっとう》・小雪《しょうせつ》
幸魂「五頭（ごず）龍王」……232ページ

12月7日～1月5日生まれ
大雪《たいせつ》・冬至《とうじ》

荒魂「難陀（なんだ）龍王」……219ページ
1月6日～2月3日生まれ
小寒《しょうかん》・大寒《だいかん》
和魂「青（せい）龍王」……224ページ

荒魂（直観）グループ

キーワード……「照らす」

荒魂グループは、燃え盛る情熱の炎を内に秘めています。その炎が燃えている限り、炎の大小にかかわらず前向きに行動し、結果を出していくことができます。目的を追求している間は常に充実していますが、成し遂げると炎が消えたように興味を失い、あっさりと次の目的を目指しはじめます。うまく感情をコントロールできず、独りよがりな盛り上がり方をしたり、すぐに飽きてしまうなど周囲に迷惑をかけることもあ

＜四魂・守護龍神タイプ　相性一覧＞

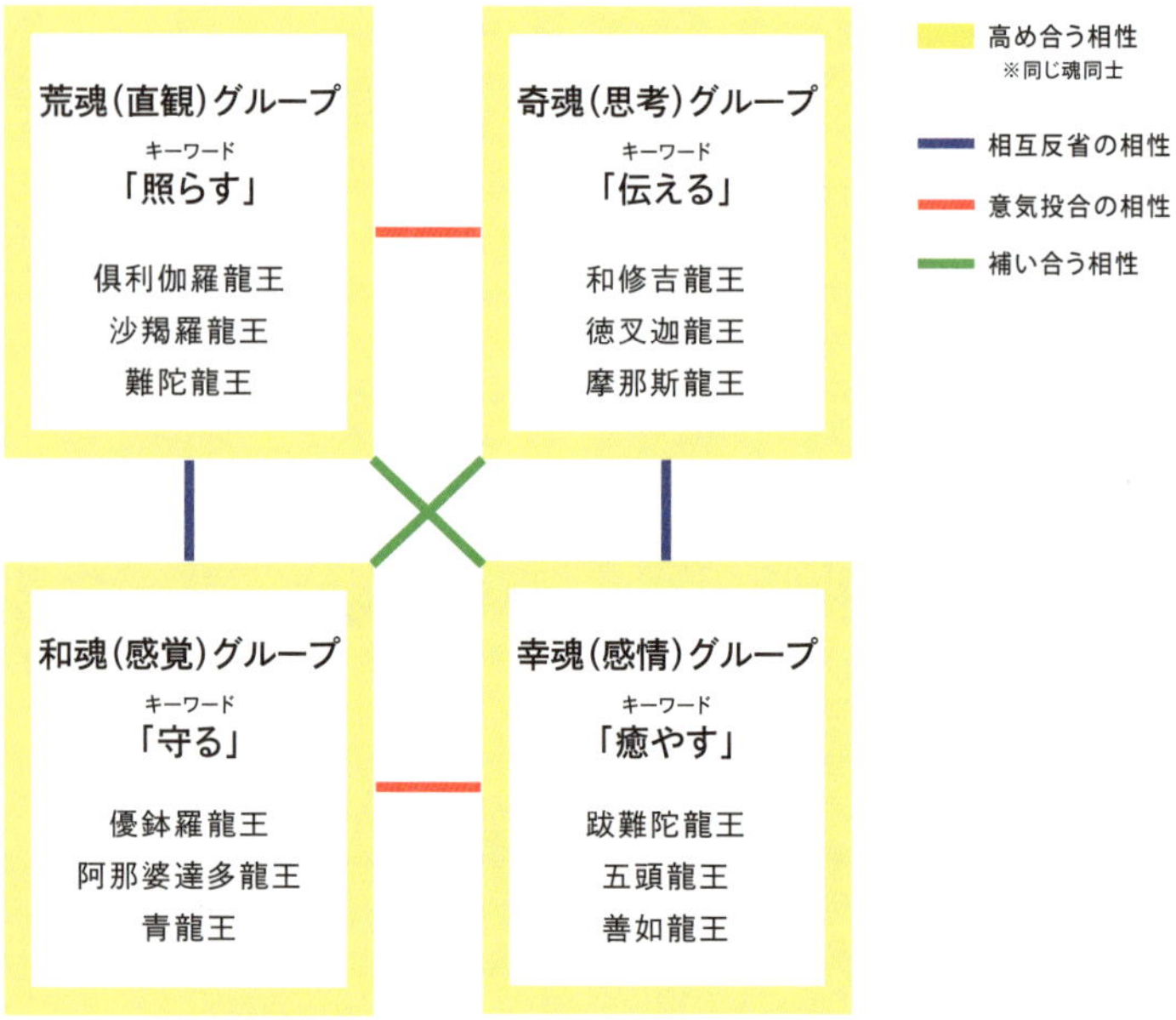

るので気をつけましょう。

●4月4日〜5月4日生まれ「倶利伽羅《くりから》龍王」　開運色：黒

不動明王の「智慧の剣」が化身となった龍王。炎に包まれた黒龍が剣に巻きつき、その剣を飲み込もうとする姿で表されており、倶利伽羅龍王がひとたび鳴くと2億の雷鳴が一斉に響く音となり、魔を退け、厄災を寄せつけないと伝えられています。

【ご利益】浄罪、願望成就

人生に熱と光をもたらし、今この瞬間に力を湧き起こしてくれる

【外面】

まさに「熱しやすく冷めやすい人」。興味が湧いたものにはすごいスピードで食いついて、周囲のことなどお構いなしに動きはじめるタイプ。集中力と決断力は抜群ですが、やや飽きっぽいところがあるので気をつけましょう。責任感を持つよう心がけていれば失敗を回避できます。

【内面】

たくさんのアイデアやひらめきを生み出します。しかし、心の中に次々とイメージが浮かんでも、形にする力はやや乏しいかもしれません。相手の話を聞かない一面があるので注意しましょう。趣味や得意分野で自分の好きな世界を見つけると、水を得た魚のように能力を発揮できます。

●8月8日〜9月7日生まれ　「沙羯羅龍王《しゃがら》」　開運色：赤

沙羯羅龍王は竜宮城の主とされ、「偉大な海」という意味を持つ神様。神道においては海神《わだつみ》と同一視されています。恵みの雨を降らせ、人々を飢えと渇きから救ったというエピソードが有名です。

【ご利益】自信、立身出世

自信をもたらし、誇りと成功を約束してくれる

【外面】

カリスマ性にあふれ、人をまとめる力に優れるタイプです。先見の明があるため、時代の先を読みすぎて周囲に理解されないこともしばしば。しかし、持ち前の勝負勘は相当なもの。周囲を牽引するインスピレーションとエネルギーが魅力と言えます。ただ、勘に頼るあまり、状況に合わない行動に走ることも。


【内面】

人の感情や感覚の流れをつかみ取ることに優れています。社会が求めるものを探る嗅覚に優れ、自分のひらめきで相手に必要なアドバイスを与えるのが得意でしょう。ただ、感情の浮き沈みが激しく、自分をコントロールできなくなる場面も少なくありません。心の余裕が大切です。

●12月7日～1月5日生まれ「難陀龍王《なんだ》」 開運色：オレンジ
難陀龍王は「歓喜《かんぎ》」という意味を持ち、大変優れている龍王と称されています。千手観音の眷属である二十八部衆の一尊であり、密教の雨乞いの儀式にて祈りを捧げられることも。まさに日本の龍神を象徴するような存在でもあります。

【ご利益】希望、ポジティブさ

どんなに絶望的な状況でも、希望を指し示し楽観性をもたらす

【外面】

楽しいことや面白いことに対するアンテナが敏感で、ノリと勢いでポジティブに人生を渡り歩くタイプ。世間の時流に合わせて柔軟に流行を取り入れるのがうまく、ファッションセンスにも優れているため、隠れファンが多い。でも内面はデリケートで、周囲からの評価を気にしているところも。

【内面】

生まれ持っての勝負強さがあるタイプ。特に、弁舌やコミュニケーションにおいて才能を発揮するはず。駆け引きのカンに優れているため、まさに勝負師。ゲーム感覚で物事にあたった方がうまくいくかもしれません。しかし人間関係などの情が絡むと、

とたんに勘が鈍ります。冷静さを忘れずに行動しましょう。

和魂（感覚）グループ

キーワード……「守る」

和魂グループは安定感があり、地に足が着いた考えを持っています。慎重で堅実なので、どのような場面でも「自分のフィールドを守ろう」という保守的な感情にスイッチが入りがち。危機管理能力が高く、同じことを忍耐強く続けられるエネルギーは素晴らしい反面、岩のように頑固だと煙たがられることも。感情を柔軟にすることが幸福を得るためのポイントです。人間関係においてはかなり信頼される傾向にあります。

●5月5日〜6月4日生まれ「優鉢羅《うはつら》龍王」 開運色：青緑

優鉢羅龍王は別名「青蓮華《しょうれんげ》」とも呼ばれ、群青色の蓮華が咲く美しい池に棲むとされる龍神。仏教においてこの青い蓮華は「美しい眼」に喩えられており、仏教世界における天空の雨はすべて、優鉢羅龍王の監視のもとで降らせると言われています。

【ご利益】忍耐力、豊かさ

忍耐力をもたらし、芸術的な感性と豊かさを与える

【外面】

芸術的な感性が豊かで、いつも愛想よくニコニコと振る舞っている印象を周囲に与えます。自分の気持ちには少し鈍いところがありますが、他人の感情には敏感で相手を喜ばせることが好きでしょう。特に好きな相手にはお節介をしてしまいがちなので、愛情表現のコントロールを意識しましょう。

【内面】

観察力に優れ、見聞きしたものを自分のイメージに変換するのがうまい器用さがあります。言葉による表現が苦手な反面、素晴らしい作品をゼロから創造するセンスがあります。いわゆる芸術家肌ですが、他人からは型にはまった真面目な印象を持たれ

やすく、そのギャップの激しさゆえに〝本当の自分〟は理解されにくいかもしれません。

●9月8日〜10月7日生まれ「阿那婆達多龍王《あなばだつたりゅうおう》」　開運色：白

阿那婆達多龍王はヒマラヤ北部にあると伝えられている無熱池《むねっち》という伝説上の池に棲む龍神。この池から四方へと広がる大河に水を流すことで、人間界の大地を潤しています。五穀豊穣を象徴する神様で、「清涼」という意味を持っています。

【ご利益】病気平癒、人望

誰かの助けになる力と、周囲からの人望を与えてくれる

【外面】

細かいところまでよく気がつく性分です。とても気が利くため周囲からの評判は高く、憧れる人も少なくありません。しかし、心の中では消化不良の感情が渦巻いており、何かをきっかけにそれが出てしまうことも。その時はかなり辛辣で、周囲を驚か

せるでしょう。

【内面】

優等生でしっかり者のイメージを持たれがち。そのイメージを裏切らないために自分の感情を心の奥へと押し込めて、周囲に迷惑をかけまいといつも努力しているのではありませんか？　内面では好き嫌いがはっきりしており、嫌なことはいつまでも忘れない執念深い部分も。気にしないで受け流すことも大切です。

●1月6日～2月3日生まれ　「青龍王《せい》」　開運色：青

青龍は「四神獣」の一柱であり、中国の神話に登場する天を司る龍神のこと。鹿の角と蛇の尾を持つ聖なる龍で、川の流れを表しています。また、太陽が昇る東の方角の守り神であることから、物事を成長させる恵みの力をもたらすといわれています。

【ご利益】福徳、集中力

周囲からの評価をもたらし、陰の努力を実らせてくれる

【外面】

地に足のついた考えに基づいて、責任ある発言をする性格。知識が豊富でコミュニケーション力も高いのですが、無責任な発言を嫌うので思いきったことは口にしないでしょう。ややお堅い印象ですが、周囲から信頼され重要なポジションに抜擢されやすいことも。自分に自信を持てるかどうかが鍵です。

【内面】

データを集めたり蓄積したりして、過去に学ぶタイプ。歴史に学んで今の生き方に活かすのが得意です。やや保守的で真面目すぎるところがありますが、ルールや規範を大切にしつつ、確固たる自分の思想を内に秘めているはず。少し愛想がない印象を与えてしまうところもありますが思索的で、環境や社会に貢献したい気持ちを抱いています。

奇魂（思考）グループ

キーワード……「伝える」

奇魂グループは、理論的で知性派。客観的に考えるのが得意です。自分が得た知識や情報を会話に乗せて拡散する能力に長けています。価値観が合う者同士であれば、身近なことから高尚なことまですぐにわかりあえるはず。とはいえ、やや頭でっかちなので自分だけで物事を進めてしまうと、現実味に欠ける部分が出て頓挫してしまうことも。実際に進めながら周囲と相談して調整すると、想像以上の結果を生み出すことができるでしょう。

●6月5日～7月6日生まれ「和修吉《わしゅきつ》龍王」　開運色：黄

和修吉龍王は「宝蔵」の名を冠する、9つの頭を持つ龍神。仏教においては、この世の中心にある須弥山《しゅみせん》を守護する神様とされています。また日本では各地の「九頭龍伝説」に登場する九頭龍大神とも同一視されています。

【ご利益】弁舌、器用さ
さまざまな状況に対応する器用さと、コミュニケーション力を授ける

【外面】

フィーリングと心地よさで世の中を渡り歩くタイプ。人の欲望に対する嗅覚が鋭く、それを提供するのが上手と言えます。自分の感じているものをストレートにアピールできるため敵をつくりやすいですが、それ以上に味方も多いでしょう。一言多い傾向があるので勢いだけの発言には気をつけて。


【内面】

自分の満足のいくものをスピーディに追い求める性分。自分なりのセンスや美意識があり、それに反することを好まない性格です。そのため、やや気難しい一面があると思われがち。しかし、停滞した環境や社会に新しい風を吹き込む力の持ち主です。賛同する仲間次第では大きな変化を起こせるでしょう。

●10月8日〜11月7日生まれ「徳叉迦龍王《とくしゃか》」開運色：緑

徳叉迦龍王は「視毒」という意味を持つ龍神。その意味の通り、凝視した敵を絶命させる力があるとされています。しかしその力は正義のため。人々を惑わす邪鬼（煩悩）を浄化するという役目を担う、心強い神様でもあります。

【ご利益】バランス感覚、平和

センスとバランス感覚を与え、争いを鎮める力をもたらす

【外面】

社交上手で一見、八方美人に見られることもありますが、実は感情に流されず、一貫した姿勢を通すタイプ。他者の意見を聞き入れつつも自分なりの理屈を通そうとする、筋の通った考えの持ち主でしょう。会話が上手で上品な印象を周囲に与えます。ただし、怒ると理路整然と相手を責め立てて追い詰めてしまう一面も。

【内面】

たくさんの人の意見を吸収し、自分の価値観を構築していく性格。軽いフットワークと深い考えを併せ持つタイプが多く、特に人間関係において思慮深さを持っているでしょう。他人の気持ちに疎いところがありますが、気遣いや空気を読むのは得意だと言えます。雰囲気で存在感を表現できるのが持ち味です。

●2月4日〜3月4日生まれ「摩那斯《まなし》龍王」開運色：ベージュ

摩那斯龍王は「剛力」の意味を持つ、慈悲深さが特徴の龍神です。仏教では人々に信仰心を芽生えさせる役割を担っています。阿修羅《あしゅら》が海水と共に侵攻してきた際にその身を躍らせて押し戻し、帝釈天を守護したという逸話もあります。

【ご利益】発想力、直観の鋭さ

直感の鋭さに磨きをかけ、発想力や閃きをもたらしてくれる

【外面】

合理的で効率の良い物の考え方を備えています。わりと中性的な印象を与える存在

でしょう。話の筋を通し、人を納得させる雄弁さも持ち合わせているはず。時にはかなり過激な発言をすることもありますが、そこも含めてあなたの魅力と言えます。閃いたアイデアを形にする力は相当なもの。

【内面】

世間一般の価値観の枠にとらわれることなく、価値を見出されないものに関心を持って探求するタイプ。個性を尊び、「変わっている」と評価されるものや人物に興味を持ち、その可能性や意味を追求することを好むでしょう。興味の有無が激しいと言えますが、物事を突き詰めて考えることにかけては天才的です

幸魂（感情）グループ

キーワード……「癒やす」

幸魂グループは感受性が強くロマンチストなので、共感能力の高さと相手への配慮を欠かさない姿勢が特徴的。情にもろく、困っている人を放っておけない優しさは素

晴らしいのですが、移ろいやすく気まぐれに思われることも。自分の信念を貫く姿勢を大切にすることで、幸福を得られます。面倒見の良い性格ですが、世話好きが高じて「やってあげている」という気持ちが強くなりすぎると、衝突することも。

●7月7日～8月7日生まれ「跋難陀龍王《ばつなんだ》」開運色：ピンク

跋難陀龍王は「亜歓喜」（二番目の祝福）という意味を持ち、難陀龍王の弟にあたる龍神。古代インドに存在したマガダ王国を守護したり、お釈迦様が生誕された際に甘露を降らせて祝福したりするなど、さまざまな逸話が残されている龍神です。

【ご利益】受容力、慈愛

どんなことでも受け入れる包容力と、深い優しさを授けてくれる

【外面】

優しくて涙もろく、仲間を大切にする、まさに情の深い癒やし手。自分よりも弱い存在や子ども・動物への愛情が人一倍強いと言えます。大切な誰かを守るためなら、

自分のことすら厭《いと》わないでしょう。感情的でヒステリックな面が見え隠れしますが、温和なあなたのまわりには笑顔があふれるはず。

【内面】
周囲には温和な印象を与えますが、実は自分の感情をよく理解しているタイプ。綺麗な部分も汚い部分も、全ての感情を自分自身として受け入れるでしょう。理解者の前では自信のない振る舞いをしがちですが、守るべきものを見つけることで持ち前の包容力を発揮し、強くしなやかになっていけるはずです。

●11月8日～12月6日生まれ「五頭《ごず》龍王」 開運色：紫
あらゆる「天変地異」を引き起こす邪龍であったものの、弁才天に一目惚れして心を入れ替えた逸話が残っています。その後は人間の暮らしを守る善神となりました。5つの頭を持ち、愛情が深く洞察力に優れる龍神です。

【ご利益】洞察力、良縁成就
洞察力と愛情をもたらし、人生の喜びに目覚めさせてくれる

【外面】

持ち前の観察眼と分析力で、本質的なことをズバリと射貫く力の持ち主。口数自体はそれほど多いわけではありませんが、的を射た言動で人心をつかむ才能を持っています。他人の欲望や求めているものに敏感ですが、自分の想いを表に出すことが苦手なため、ミステリアスな印象を与える側面も。


【内面】

研究熱心で自分の好きなものに徹底して集中するタイプ。傷つきたくないため、無意識に親密な人間関係を避けるところがあります。興味の対象がハッキリしているので、自分に関係のないことはどうでもいいと思い、ないがしろにしてしまいがちですが、興味を持ったことには天才的な能力を発揮するでしょう。

●3月5日～4月3日生まれ「善如龍王《ぜんによ》」開運色：水色

沙羯羅《しやがら》龍王の三女であり「乙姫」と同一視されています。少女であるにもかかわらずお釈迦様の説法を聞いて、即座に悟りを開いたという逸話でも有名です。また、空海の祈雨《きう》の修法の際には長さ9尺の金色の龍神となり、たちまち恵雨を降らせたという伝承があります。

【ご利益】才能開花、和合

隠された才能を引き出し、どんな相手とも親しむ余裕を与える

【外面】

普段は穏やかでのんびりとしている印象を与える佇まいですが、進むべき道が見えた瞬間、何か天啓があったかのように動き出す性格。突然イメージが降って湧いてくると、驚くほど積極的になる傾向があり、その変貌ぶりに周囲の人たちが驚いてしまうことも。成功者もかなり多いタイプですが、博打的な行動には注意して。

【内面】
目に見えないことに興味を持ち探求するタイプ。人の心の変化や人生の目的といったものに関心がありますが、自分の気持ちがわからなくなってしまうことも。敏感なのか鈍感なのかつかみどころがありませんが、本当はあふれんばかりの豊かな感情の持ち主でしょう。想いに共感してくれる仲間がいると心強いはずです。

これら十二柱の龍神様は、どなたも大変強大なお力を持つ伝説の神様たちです。自分の守護龍神を導くことができたら、神社仏閣などへお参りする際に心の中で念じてみましょう。きっと強い結びつきをいただけるはずです。そして、守護龍神に対応するカラーを身につけることで、さらなるご利益がもたらされ、運が開けていくでしょう。ぜひ活用してください。

＜干支の守護梵字＞

子年

キリーク

丑・寅年

タラーク

卯年

マン

辰・巳年

アン

午年

サク

未・申年

バン

酉年

カーン

戌・亥年

キリーク

＊梵字を描く際のお手本にしたり、コピーするなどしてご活用ください。
＊著作権は著者に帰属します。改変・再配布、商用利用はご遠慮ください。
＊SNS などに掲載する際は、著者名やタイトル、発行年など、
出典元が特定できる情報を明示してください。

＜龍神・龍王梵字＞

龍神梵字（ナー）

龍王梵字（メー）

梵字の詳しい使い方は、152 ページの 「龍神護符の書き方」をご参照ください。

＊梵字を描く際のお手本にしたり、コピーするなどしてご活用ください。
＊著作権は著者に帰属します。改変・再配布、商用利用はご遠慮ください。
＊SNS などに掲載する際は、著者名やタイトル、発行年など、
　出典元が特定できる情報を明示してください。

〈読者限定５大特典のご案内〉

〝あなたも悟れます〟

悟りの道を、私とともに実践していきましょう！

本書をお手に取ってくださったみなさまに、
感謝の気持ちを込めて読者限定特典をご用意しました。

① ［特別動画］あなたの願いを叶えるたった 1 つの方法
②「龍神祝詞（のりと）」のテキスト＆音声データ
③ 龍神梵字と護符〈スマホ待受けとしてご利用いただけます〉
④ 本書でご紹介している「ドラゴンガイド」シート
⑤ 本書でご紹介している「自分史チャート」シート
＊2025 年に「ドラゴンガイド」「自分史チャート」を書くためのワークショップも開催予定。

「ドラゴンガイド」シート　「自分史チャート」シート

←こちらからダウンロードできます。

①〜③は以下の URL または QR コードからご登録いただくとお受け取りいただけます。（ダウンロード用のメールマガジンに要登録）
ぜひこれらを活用して習慣化を実現し、龍神様に伴走していただきながらセルフハピネスを叶えていきましょう。

［特別動画］あなたの願いを叶えるたった１つの方法（約25分）

▽ご登録はこちらから
https://www.stryujin.com/

脇田尚徳（わきたしょうとく／脇田尚揮）

占い師・心理カウンセラーとして18年間の活動を経て、「占いだけでは人を救えない」と出家。禅宗私度僧となり、コロナ禍でデジタル寺院を設立。その後、日本で一番小さい寺「秀心（ほづみ）寺」を建立。龍神とのご縁を強く感じた実家の井戸をご神体として祀るために、仏門の道と並行して神道・修験道を学ぶ。龍神と共に生き、皆が幸せに生きる社会を目指して「千日習慣行」を提唱する。「龍神坊尚徳」と名乗り、YouTube や TikTok LIVE で龍神や神仏にまつわる情報を日々配信中。

https://www.stryujin.com/

なぜ人は龍に惹かれるのか
龍神の恵みの受け取り方

第一刷　2024年12月31日

著者　脇田尚徳

発行人　石井健資
発行所　株式会社ヒカルランド
〒162-0821　東京都新宿区津久戸町3-11　TH1ビル6F
電話　03-6265-0852　ファックス　03-6265-0853
http://www.hikaruland.co.jp　info@hikaruland.co.jp
振替　00180-8-496587
本文・カバー・製本　中央精版印刷株式会社
DTP　株式会社キャップス
編集担当　石田ゆき

ISBN978-4-86742-451-3

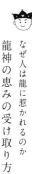

ヒカルランド　好評既刊！

地上の星☆ヒカルランド　銀河より届く愛と叡智の宅配便

貴方（あなた）はただひとりの神
著者：下空マイ子
四六ソフト　本体1,800円+税

菊理媛（ククリヒメ）と共に
宇宙無限大に開くドラゴンゲート
著者：龍依〜Roy
四六ソフト　本体2,000円+税

銀龍（ワイタハ）から金龍（ヤマト）へ
著者：テポロハウ ルカ テコラコ／
中谷淳子
四六ハード　本体2,400円+税

現世最強《チーム自分》のつくりかた
著者：縁ちえ
推薦：CHIE
四六ソフト　本体1,800円+税

ヒカルランド　好評既刊!

地上の星☆ヒカルランド　銀河より届く愛と叡智の宅配便

「あなた」という存在は
「無限大の可能性」である
著者：ヒカルランド編集部
四六ソフト　本体2,000円+税

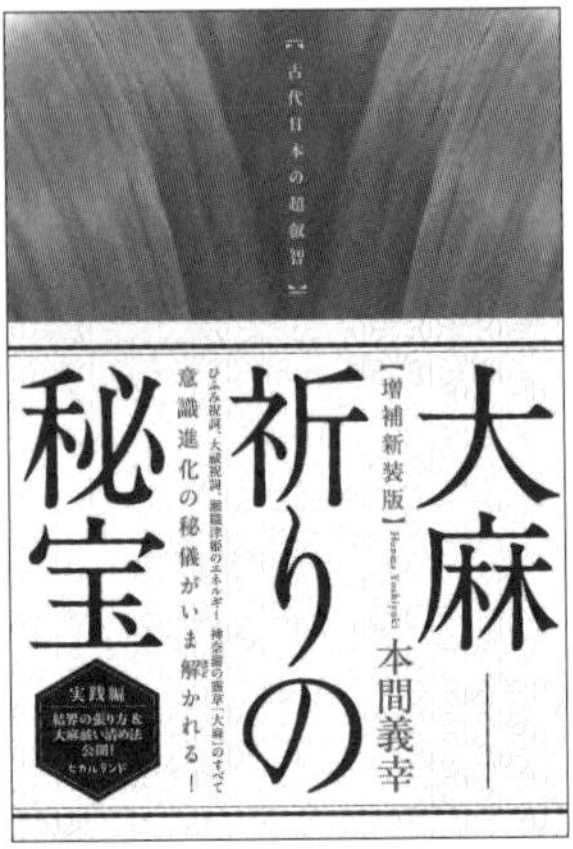

[増補新装版] 大麻―祈りの秘宝
著者：本間義幸
四六ソフト　本体2,200円+税

天岩戸「さとりゲート」をひらけ!
著者：有野真麻
監修：白峰
四六ソフト　本体1,800円+税

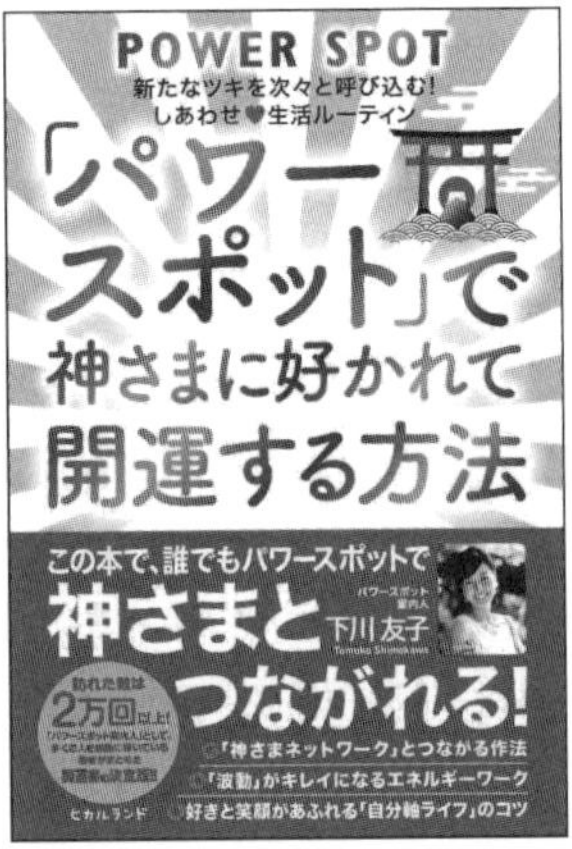

「パワースポット」で神さまに好かれて
開運する方法
著者：下川友子
四六ソフト　本体1,800円+税